EL ESPAÑOL
de los negocios

ANA M.ª MARTÍN URIZ
IGNACIO MARTÍN URIZ
JOSÉ SILES ARTÉS

EL ESPAÑOL
de los negocios

ESPAÑOL ECONÓMICO Y EMPRESARIAL

SOCIEDAD GENERAL ESPAÑOLA DE LIBRERÍA, S. A.

Primera edición, 1989
Segunda edición,1990
Tercera edición, 1992
Cuarta edición, 1993
Quinta edición, 1995

Produce: SGEL-Educación
           Marqués de Valdeiglesias, 5 - 1º - 28004 MADRID

ISBN: 84-7143-402-4
Depósito legal: M.17.936-95
Printed in Spain - Impreso en España

Ilustraciones: M. Rueda
Cubierta: V. Lahuerta
Maqueta: C. Campos

Procedencia de las ilustraciones:
EFE (fotografías): 48 (1.ª), 55, 83 (1.ª y 2.ª), 85, 117 (2.ª), 199.
Fotografía cedida por cortesía de Expolingua: 87.
Fotografía F-3 (fotografías): 29 (1.ª y 3.ª), 40, (2.ª), 51, 52 (1.ª y 3.ª), 53, 56.
Manolo García (fotografía): 40 (1.ª).
Fernando Guerard (fotografía): 107 (2.ª).
Fotografías cedidas por el archivo fotográfico del INI: 50, 51, 127, 129.
Fotografías cedidas por el archivo de Turespaña: 18 (3.ª), 34, 41, 66, 90, 91, 98, 107 (1.ª), 113.
Archivo SGEL (fotografías): 13, 15, 18 (1.ª y 2.ª), 39, 45, 48 (2.ª), 52 (2.ª), 62, 71, 72, 73, 74, 78, 83 (3.ª), 86, 93, 96, 97, 105, 106, 117 (1.ª), 118, 122, 123, 125, 136, 138, 139.

Compone: AMORETTI - Sánchez Pacheco, 62
Imprime: CRONOCOLOR
Encuadernación: F. MÉNDEZ - Nicolás Morales, 23

PRÓLOGO

El presente libro es un curso de español que tiene como fin específico preparar al estudiante para comunicarse en el mundo de los negocios, tanto oralmente como por escrito. Está pensado para estudiantes de nivel inicial e intermedio de español, que se orientan hacia esa actividad profesional.

Metodológicamente, este curso tiene una orientación comunicativa. Cada unidad se desarrolla sobre un tema que es el núcleo de interés en torno al cual se crean situaciones comunicativas específicas del mundo económico y empresarial. La gramática está siempre subordinada a las necesidades comunicativas. Por ello, aunque existe una planificación gramatical, no se da una progresión clásica de tipo estructural.

Cada una de las 13 unidades del libro consta de:
- Un diálogo.
- Una sección gramatical.
- Un texto de lectura.
- Uno o varios textos de ampliación.

Los diálogos representan situaciones significativas tanto del mundo de la empresa como de la vida diaria. En ellos se practican actos de habla en diferentes niveles de formalidad. Los textos están todos recogidos en cassette, para que pueda escucharse la grabación antes de hacer la lectura. Del diálogo se derivan luego actividades de comprensión auditiva, expresión oral y escrita.

La sección de gramática presenta las formas y reglas que se requieren para expresar un determinado acto de habla o una cierta noción. También se proponen ejercicios prácticos.

La sección de lectura consta de 13 textos descriptivos que dan información sobre el tema de la unidad. Tienen un carácter más técnico. Un glosario final, con definiciones de los términos económicos o siglas más usuales, facilita la lectura. El número que acompaña a cada entrada del glosario indica la unidad en que esa voz aparece. Cada definición responde al uso que el término tiene en este libro.

Finalmente, en la sección de ampliación, se propone un texto tomado de revistas, periódicos y otras publicaciones de carácter económico. La lectura de estos textos se complementa luego con actividades especialmente diseñadas, tanto de comprensión como de expresión oral y escrita.

Los Autores

CONTENIDOS: una orientación comunicativa

TEMA	TEXTOS	FUNCIONES	GRAMÁTICA
6 LOS TRANSPORTES (pág. 67)	• Diálogo: *El transporte del futuro* • Anuncio de viajes • *Los transportes* • Mapa • Gráfico • Ofertas de RENFE • Artículo periodístico	— expresar quejas — hacer predicciones — expresar probabilidad — expresar condiciones — comparar	— futuro de indicativo *Viajaremos en cohetes* — presente de subjuntivo *Puede que lleguemos a la hora* — imperfecto de subjuntivo *Si viajara en cohete visitaría nuevos planetas* — *más... que* *tan... como* *cada (vez, día, año, etc.)... más*
7 EL COMERCIO INTERIOR (pág. 79)	• Diálogo: *En unos grandes almacenes* • *El comercio interior* • La letra de cambio	— describir ropa — expresar duda — hacer sugerencias — aconsejar, invitar — narrar, contar	— presente de subjuntivo *Quizá ignoren nuestra dirección* — condicional *¿Les haría usted una rebaja?* — imperativo *Llévese este jersey* — estilo indirecto *Aseguró que me pagaría*
8 EL TURISMO (pág. 90)	• Diálogo: *Comida en un restaurante* • Folleto turístico • Menú de restaurante • Cifras del turismo • *El turismo* • Noticia • Mapa • Factura del hotel • Comanda	— hablar de comidas — expresar gustos, apetencias, aversiones — hacer sugerencias, proposiciones — tomar decisiones — narrar, preguntas, etc.	— *Me apetece pescado hoy* — interrogativos *¿Qué va usted a beber?* *¿Dónde nos sentamos?* — imperativo futuro de indicativo *Pidamos el plato del día* *Yo tomaré flan* — estilo indirecto *Le preguntó qué quería*

9
LA BANCA
(pág. 101)
	• Títulos de prensa
	• Diálogo: *Miedo al pánico*
	• Libreta de ahorro
	• Cheques
	• *La banca*
	• Extractos de cuenta corriente
	• Formulario de ingreso
	• Instrucciones para cajero automático
		— expresar temor y tranquilizar
		— expresar condición
		    real
		    irreal
		— expresar suposiciones
		— expresar deber, conveniencia
		— aseverar
			— presente de indicativo... futuro de indicativo
			— imperfecto de subjuntivo... condicional
			Si quiebra el banco, ¿qué pasará?
			Si todo el mundo retirase sus depósitos, ¿qué pasaría?
			— futuro de indicativo
			¿Qué estarán discutiendo?
			— *deber / convenir que / tener que*
			— infinitivo
			Abaratar costes es nuestro objetivo

10 LA BOLSA (pág. 112)	• Mercado de divisas • Publicidad (obligaciones) • *La bolsa* • Cotizaciones • Gráfico • Aviso en prensa	— pedir y dar consejo — expresar finalidad — expresar aprobación — expresar grados de certeza	— indicativo... subjuntivo *Yo recomiendo que compre* *Yo recomendaría que comprara* — *a, para, a fin de que* + subjuntivo *a, para* + infinitivo — *Está bien* *No es disparatado* — *No hay duda de que...* *Es cierto que...* *Está usted seguro que...*
11 LA RENTA NACIONAL (pág. 121)	• Titular de prensa • Diálogo: *A quién beneficia el crecimiento* • Evolución de la oferta • Gráfico • *La renta nacional* • Mapa • Cita de texto	— comentar, especular — narrar preguntas	— estilo indirecto *Quiso saber cuál era el más barato* *Les preguntó si creían aquello* — relativo: (*el*), (*la*), (*lo*), etc., *que*

TEMA	TEXTOS	FUNCIONES	GRAMÁTICA

12
EL MERCADO COMÚN
(pág. 132)
	• Portadas de revista
	• Audición: *Ante el Mercado Común*
	• Cita de enciclopedia
	• Mapa CEE
	• Cuadro estadístico
	• España y el Mercado Común
	• Cita de texto
		— expresar desacuerdo
		— negar
		— comparar y evaluar
		— hablar de cantidades
			— *¡Qué error!*
			— el verso en negativa prefijos negativos
			— palabras con valor negativo
			  No sé
			  Es muy anormal
			  Ignoro lo ocurrido
			— *más/menos... que*
			  mejor/peor... (que)

13 EL SECTOR EXTERIOR (pág. 142)	• Audición: *Papeleo en la exportación* • Formularios • Cuadros • *El sector exterior* • Cartas comerciales	— pedir y dar información sobre formularios y documentos — explicar cómo cumplimentar documentos	

1 LA PRENSA

I. Preparación

EJERCICIOS **1. Lea las cabeceras de los periódicos.**

- ¿Observa alguna diferencia? Dígala.

2. Teniendo en cuenta la imagen del quiosco, conteste.

● ¿Qué hacen los personajes?

● ¿En qué lugares suelen encontrarse los quioscos de prensa?

II. Audición

Un señor desea comprar un periódico de economía y el vendedor le informa. Antes de despedirse, el comprador pide información sobre una dirección.

1. Escuche el diálogo y elija el acto de habla de cada interlocutor en el orden en que se oyen.

Comprador:
☐ a) Desea suerte.
☐ b) Saluda.
☐ c) Pregunta por la salud.

Vendedor:
☐ a) Explica el estado del tiempo.
☐ b) Informa sobre la salud.
☐ c) Saluda.

Comprador:
☐ a) Pregunta si los periódicos son caros.
☐ b) Pide información económica.
☐ c) Pregunta si tienen prensa económica.

Vendedor:
☐ a) Contesta que la información económica interesa mucho.
☐ b) Informa que todos los periódicos dan noticias económicas.
☐ c) Informa que los periódicos económicos son diarios.

Comprador:
☐ a) Pide un periódico especializado.
☐ b) Pide información específica.
☐ c) Pide un periódico con una sección específica.

Vendedor:
☐ a) Aconseja *Cinco Días* y desaconseja *El Nuevo Lunes.*
☐ b) Recomienda el diario *Cinco Días* y el semanario *El Nuevo Lunes.*
☐ c) Recomienda la lectura de artículos nuevos todos los lunes.

Comprador:
☐ a) Pregunta si tiene revistas.
☐ b) Pregunta cuántas revistas tiene.
☐ c) Pregunta el precio de las revistas.

Vendedor:
☐ a) Informa que hay una revista mensual, una semanal y una trimestral.
☐ b) Informa que existen varias revistas de periódica publicación.
☐ c) Contesta que la revista más importante sale cada tres meses.

Comprador:
☐ a) Rechaza *Cinco Días* porque es caro y pregunta por una ciudad.
☐ b) Pide *Cinco Días*, pregunta el precio y dice que es de Sevilla.
☐ c) Se decide por *Cinco Días*, paga y pide información sobre una dirección.

Vendedor:
☐ a) Da instrucciones para llegar a la dirección preguntada.

         □ b) Saca un mapa y enseña dónde está la ciu-
              dad de Sevilla.
         □ c) Explica que está cerca del Banco de Bilbao.

Comprador: □ a) Se quejó.
         □ b) Se despidió.
         □ c) Agradeció.

2. Dibuje el trayecto que oiga en el mapa que se le da.

III. Hable con su compañero

Elija un lugar en el mapa y describa la ruta a su compañero.
Después su compañero hará lo mismo. Use lengua familiar (tú).
Ayúdese de la lengua que se le da a continuación.

CONVERSACIÓN

Ejemplo:

Usted: —Vete a lo largo de esta avenida. Cruza
                     dos calles. A la izquierda verás un edificio
                     grande, de ladrillo.
Su compañero: —¿Es el Museo del Prado?
Usted: —Sí.

Verbos útiles	Preposiciones y frases	Adverbios
vete	a lo largo de	primero
cruza	por	después
tuerce	hasta	entonces
llega	a la derecha (de)	
tira	a la izquierda (de)	
	enfrente de	
	de frente	

AL DE LA VILLA DE MADRID

13

IV. Practique la escritura

ESCRIBA **1. Revise preposiciones.**

● Mire el dibujo y escriba tantas frases como direcciones puedan seguirse desde donde está la figura humana.

Ejemplo: *Ve hasta la puerta.*

● Escriba dónde están los lugares marcados en el mapa. Use las preposiciones *cerca de, lejos de, después de, a la derecha de,* etc., etc.

La catedral está

La plaza de toros

El Ayuntamiento

La Plaza Mayor

El puente romano

El mercado

V. Gramática

PRESENTE DE INDICATIVO	
Funciones	*Ejemplos*
Rutina.	Este periódico no *sale* los lunes.
Aseveraciones.	Quien *tiene* la información *tiene* el poder.
Información general.	TVE *transmite* a todo el país.

IMPERATIVO	
Funciones	*Ejemplos*
Direcciones.	*Vaya* todo recto. *Tuerza* a la derecha.
Consejos y recomendaciones.	*"Compre* cigarrillos *Dandy".* *Lléve(se)* esta revista. *Beba* vino

INDEFINIDOS Y CUANTITATIVOS	
Adjetivos	*Pronombres*
Tenemos *muchos* datos. Hay *algunas* revistas especializadas. Se venden *bastantes* ejemplares. Se publican *demasiadas* revistas. No obtienen *ningún* beneficio. Reciben *otras* ayudas. *Pocos* periódicos ganan dinero. *Todas* esas emisoras son privadas.	Tenemos *muchos* de ésos. Hay *algunas* especializadas. Se venden *bastantes*. Se publican *demasiadas*. No obtienen *ninguno*. Reciben *otras*. *Pocos* ganan dinero. *Todas* ésas son privadas.

■ APLIQUE LAS REGLAS

1. Coloque la forma del presente de indicativo del verbo que corresponda (*estar, hacer, dar, reír, hablar, cambiar, cerrar, vender, salir*).

- Esta revista ———— cada trimestre.
- Manolo se ———— de ropa dos veces al día.
- Me ———— un chequeo todos los años.
- El castellano lo ———— unos 300 millones de personas.
- El almendro no se ———— en las zonas frías.
- Proverbio: "El que ———— último, ———— dos veces".
- La fiesta de los toros no ———— en decadencia.
- Este restaurante ———— los domingos por la noche.
- Se ———— muchos libros en Navidades.

2. Complete correctamente cada frase con el indefinido correspondiente.

- ———— periódicos de provincias se fundaron en el siglo XIX.
- Mejor ———— amigos y buenos, que ———— y malos.
- No se vende esa revista en ———— quiosco.
- Mándame ———— ejemplares.
- Es propietario de ———— fincas en Asturias.
- No ———— están de acuerdo con la idea.
- Es una empresa con ———— pérdidas.
- ¿Tenéis ———— prisa?

- ¿Necesitan los ───── datos?
- ¿Hay ───── información? Sí, no necesitamos más.
- Hay ───── oferta de empleo.
- No me gusto ─────
- No ───── los artículos firmados.
- *Fe Liberal* atraviesa una crisis económica porque tiene ───── empleados.
- ───── las noticias están equivocadas.

3. Complete las siguientes frases según el ejemplo.

Ejemplo: *Él me leyó un libro a mí. = Él me lo leyó.*

- No me des el paquete a mí. = No ───── ───── des.
- Yo le compré el coche a él. = Yo ───── ───── compré.
- Ella te vende los zapatos a ti. = Ella ───── ───── vende.
- Rita le presta a Rosa los esquíes. Rita ───── ───── presta.
- A nosotros nos sirven el pan a domicilio. = ───── ───── sirven a domicilio.
- ¿Os guardo a vosotros las maletas aquí? = ¿ ─ ─ guardo aquí?

VI. Lectura

EJERCICIOS

1. Coloque junto a cada una de las siguientes palabras el número correspondiente de la página del periódico que se reproduce.

EL PAIS ❶

DIRECTOR: JUAN LUIS CEBRIÁN — DIARIO INDEPENDIENTE DE LA MAÑANA — MADRID, JUEVES 30 DE ENERO

Redacción, Administración y Talleres: Miguel Yuste, 40 / 28037 Madrid / ☎ (91) 754 38 00 / Precio: 60 pesetas / Año XI. Número 3.222

General Motors compra la compañía británica Lotus

El primer ministro había anunciado que, de salir derrotado, sometería la cuestión a referéndum

El Parlamento danés veta la reforma de la CE ❷

❼ REUTER, Londres
La compañía General Motors (GM) compró ayer el grupo británico de automóviles de lujo Lotus. Representantes de General Motors, cuya producción incluye las marcas de automóviles Cadillac, Chevrolet y Vauxhall, y los aviones Hughes, afirmaron que Lotus mantendrá su identidad independiente, así como su dirección británica.

La compañía norteamericana manifestó que, en el nuevo acuerdo, Lotus se beneficiará de los más amplios recursos de GM y tendrá mayores oportunidades para investigar e incrementar su producción y ventas.

La dirección de Lotus aceptó la oferta de compra, que ascendió a 31 millones de dólares, porque la consideraba "justa y razonable". Lotus perdió parte de su prestigio hace cuatro años cuando su fundador, Colin Chapman, se vió involucrado en un escándalo financiero, basado en la malversación de 17 millones de dólares de otra compañía automovilística, De Lorean.

CORRESPONSALES, Estocolmo / Bruselas
El Folketing, Parlamento danés, vetó ayer las reformas al Tratado de Roma acordadas el mes pasado por los otros 11 miembros de la Comunidad Europea (CE) —con la participación ya en esa ocasión de España y Portugal—. El Gobierno de coalición de centro-derecha presidido por Poul Schlüter apoyaba la reforma, pero es minoritario en la Cámara. El principal grupo de la oposición, el Partido Socialdemócrata, ha forzado con su voto en contra el *no* danés a la reforma. Schlüter, que no quiere anticipar las elecciones generales, había anunciado antes del debate parlamentario que, en caso de salir derrotado, sometería la cuestión a referéndum.

La resolución de la oposición socialdemócrata contra el paquete de reformas fue aprobada con 80 votos contra 75, con una abstención. La resolución exige que Dinamarca negocie de nuevo las reformas con los otros 11 miembros de la Comunidad, y que cualquier acuerdo nuevo ha de ser aprobado por el Parlamento danés, informa Ricardo Moreno.

Esperamos su ayuda. ¡Hágase socio!

unicef ❻
Asociación UNICEF-España
Solicite información:
Apartado de Correos 12.021
28080-MADRID

El primer ministro danés, Poul Schlüter (a la derecha), junto al líder de la oposición, el socialdemócrata Anker Jörgensen. GAMMA

Temor en la Bolsa de Nueva York

☐ Titular.

☐ Columna.

☐ Anuncio.

☐ Noticia.

☐ Agencia.

☐ Corresponsal.

☐ Cabecera.

2. Estudie los datos de difusión de la prensa y conteste.

Título	Lugar de publicación	1984 Promedio difusión	1983 Promedio difusión	1982 Promedio difusión	1981 Promedio difusión	1980 Promedio difusión
LA VERDADERA DIFUSIÓN DE LA PRENSA EN ESPAÑA Diarios de información general						
1. El País	Madrid	340.998	296.176	268.752	234.016	183.591
2. La Vanguardia	Barcelona	191.804	195.850	196.629	192.916	188.555
3. ABC	Madrid	145.597	133.945	131.545	135.554	130.552
4. As	Madrid	137.003	139.582	147.243	154.124	156.405
5. Diario 16	Madrid	129.816	125.307	120.284	84.331	51.109
6. El Periódico	Barcelona	127.107	122.893	107.269	99.003	60.595
7. Ya	Madrid	104.821	109.530	109.453	112.310	117.667
8. El Correo Español. El Pueblo Vasco	Bilbao	103.387	83.360	81.825	79.784	70.118

● ¿Qué periódico pierde lectores? Explique.

● ¿Qué periódico gana lectores? Explique.

3. Complete el texto (usando un periódico del día). Trabaje con su compañero.

El texto de la página ⸻ que aparece ⸻ se denomina ⸻ y representa la opinión del periódico. Nunca va firmado. El texto de la página ⸻ colocado ⸻ se denomina ⸻ y representa la opinión del autor. Siempre va firmado. El texto de la página ⸻ que aparece ⸻ es una ⸻, noticia comentada por el corresponsal del periódico en el lugar del hecho. El texto donde se relacionan las secciones es el ⸻. El texto que nos invita frecuentemente a consumir es un ⸻. Hay uno en la página ⸻

> **Preposiciones o frases preposicionales**
>
> a la derecha
> debajo de
> artículo
> editorial
> crónica
> anuncio
> índice
> noticia

4. Lea.

LOS MEDIOS DE COMUNICACIÓN Y SU FINANCIACIÓN

"Quien tiene la información tiene el poder". A esta frase, que ya se ha hecho clásica, podría oponerse la siguiente: "quien tiene el poder tiene la información", o mejor dicho, "el poder intenta controlar los medios de información". Esto parece evidente, y si lo es para todo tipo de información, lo es más para la información económica, la cual llega a representar más del 20 por 100 en los grandes periódicos.

Mantener un periódico es una empresa muy cara; por tanto, en muchos países las empresas periodísticas reciben ayudas y subvenciones del Estado. En nuestro país se conceden subvenciones a la prensa atendiendo a su

difusión, sistema que a primera vista puede parecer justo: quien más ejemplares vende más subvención recibe, dado que el precio de un periódico no cubre los costos y en consecuencia la empresa será más deficitaria cuanto más venda. No obstante, hay que tener en cuenta que los periódicos de grandes tiradas tienen unas tarifas por publicidad mucho más elevadas, por lo que el ingreso por un ejemplar también es mayor. Por tanto, este tipo de ayuda a quien menos beneficia es a los periódicos independientes no vinculados a los grandes intereses económicos.

Por otro lado, en el momento actual de crisis, muchas empresas periodísticas se encuentran endeudadas con el Tesoro Público por impagos a Hacienda y a la Seguridad Social o por haber recibido financiación de entidades de crédito oficial, y la Administración puede descontar de las subvenciones que correspondan a cada empresa las deudas contraídas con ella. Si consideramos que las grandes empresas editoras de prensa pertenecen a su vez, a grupos propietarios de otros medios como la radio y la televisión, vemos que este tipo de financiación puede afectar a otros medios de comunicación.

En cuanto a la radio, en España existe una cadena de radio de propiedad pública, *Radio Nacional de España,* que convive con prestigiosas cadenas privadas, las cuales, dadas las altas tarifas publicitarias, no pasan apuros económicos.

La televisión, hasta muy recientemente, ha sido un monopolio estatal, TVE, que transmite a todo el territorio nacional. En la actualidad, en las comunidades autónomas se están creando televisiones propiedad de los gobiernos autonómicos con difusión restringida en su ámbito. En el futuro está previsto que se rompa el monopolio de este medio de difusión.

COMPRENSIÓN LECTORA

5. Conteste.

- ¿Cuál es la actitud del poder ante la información?

- ¿Qué relación económica existe entre el gobierno y la prensa?

- ¿Afecta la crisis a los medios de comunicación?

- Enumere los tipos de radio y televisión que existen atendiendo a su propiedad.

RADIO	TELEVISIÓN

6. Conteste.

- Marque las frases que sean verdaderas según el texto.

☐ El precio cubre el costo de un ejemplar.
☐ Los periódicos de mayor tirada tienen mayores problemas
económicos.
☐ La publicidad es más barata en los periódicos de menor tirada.
☐ El sistema de subvención favorece a las grandes empresas.

● ¿De dónde proceden los ingresos de los medios de comunicación?

7. Exprésese libremente.

● ¿Existe en su país algún medio de información que tenga mucho poder? Trabaje con su compañero.

● Dígale a su compañero nombres de medios de comunicación de su país o región, cómo se financian y qué tirada o audiencia tienen. Apúntelo en el cuadro.

Usted

nombre	medio	financiación	tirada	audiencia

Su compañero

nombre	medio	financiación	tirada	audiencia

● Escriban usted y su compañero una composición o cuenten los resultados de su conversación al resto de los alumnos. Destaquen las semejanzas y diferencias.

En _____ existe un periódico llamado _____
que se financia con fondos _____

SÁBADO

TVE-1

8.15 **Carta de ajuste.**
8.29 **Apertura y presentación.**
8.30 **Nuestra semana.**
10.55 **La bola de cristal.**
12.15 **La cuarta parte.**
13.00 **Gente joven.**
14.30 **El mundo.** *El fin del viejo orden.*
15.00 **Telediario.**
15.35 **David el gnomo.**
16.05 **Primera sesión.** *El asunto del día (The talk of the town),* 1942 (115 minutos). Blanco y negro. Director: George Stevens. Intérpretes: Ronald Colman, Cary Grant, Jean Arthur, Edgar Buchanan.
18.10 **Los sabios.**
19.05 **De película.**
19.35 **Brigada especial.**
20.30 **Telediario.**
21.05 **Informe semanal.**
22.30 **Sábado cine.** *El coloso en llamas (The towering inferno),* 1974 (157 minutos). Color. Director: John Guillermin-Irwin Allen.
1.20 **Despedida y cierre.**

TVE-2

14.55 **Carta de ajuste.**
14.59 **Apertura y presentación.**
15.00 **Estadio-2.**
21.00 **La ventana electrónica.**
23.50 **Teatro Real.**
1.00 **Despedida y cierre.**

DOMINGO 2 FEBRERO

RADIO

Antena-3 (104.3 MHz)
Fútbol
A partir de las 16.30 horas, el equipo deportivo de la emisora, capitaneado por José María García, informa del transcurso de los partidos de fútbol: Sevilla-Barcelona, Valencia-Betis, Santander-Spórting de Gijón y At. de Madrid-Real Madrid.

En su segundo canal **Radio-80 Serie Oro** (90.7 MHz) emite 24 horas ininterrumpidas de la mejor música, alternada con boletines informativos.

Radio Miramar (666 KHz)
Jordi Solé Tura
"El madrugón" (5 h.) entrevista a los cantantes Carlos Cano y Olga Ramos. "A plena fiesta" (14 h.) habla con Jordi Solé Tura.

RNE Radio-1 (738 KHz)
Marcha por la Paz
"América 92" (10 h.) programa que será hoy presentado por la actriz Amparo Rivelles, tratará por la marcha internacional por la Paz en Hispanoamérica, que discurrió desde Panamá hasta Méjico; también se entrevista a Olga Manzano y Manuel Picón y al escritor chileno Jorge Díaz, premio Tirso de Molina este año por su obra "Las cicatrices de la memoria". De 12.15 a 13 horas se emite un programa especial sobre el tema de la OTAN, con diversas opiniones confrontadas.

1. Lea detenidamente los programas de radio y televisión y conteste.

● ¿Cuál de estos medios de comunicación prefiere? Explique su respuesta.

● ¿A qué horas se dan los programas más interesantes en TV?

● ¿Qué tres programas de TV elegiría? ¿Por qué?

● ¿En qué frecuencia emite RNE (Radio Nacional de España) Radio 1?

● ¿Qué programa de radio le gustaría escuchar? ¿Por qué?

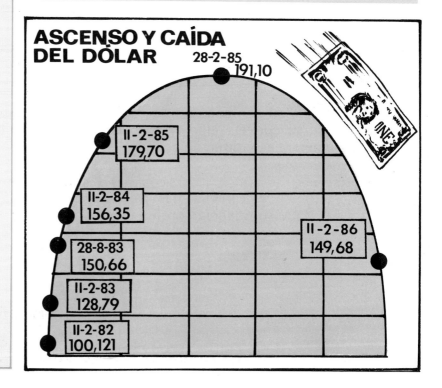

ASCENSO Y CAÍDA DEL DÓLAR

28-2-85 191,10
11-2-85 179,70
11-2-84 156,35
28-8-83 150,66
11-2-83 128,79
11-2-82 100,121
11-2-86 149,68

2. Estudie el texto adjunto y, con su compañero, haga preguntas y respuestas. Mire los ejemplos.

Ejemplo: *Usted:* ¿En qué sección se habla de los programas de cine?

Su compañero: En la "Cartelera", en la página 34.

Usted: _____

Su compañero: _____

Ejemplo: *Usted:* ¿Por qué la noticia sobre Beirut aparece en la página 5?

Su compañero: Porque trata de un tema no nacional.

Usted: _____

Su compañero: _____

Usted: _____

Su compañero: _____

Usted: _____

Su compañero: _____

* CE : Comunidad Europea

HOY, EN EL PAIS

El Parlamento danés veta la reforma de la CE*
Página 3

El Consejo de Ministros aprobará el día 31 la fecha y la pregunta del referéndum
Página 13

Al menos 27 muertos por un coche bomba en el sector cristiano de Beirut
Página 5

La sentencia de un juez pone en peligro la existencia de los cajeros automáticos
Página 20

Concedida la extradición del colombiano Ochoa a EE UU
Página 24

EL PAIS
FUTURO

* CE: Comunidad Económica.

3. Lea y escriba.

POR DEBAJO DE LAS 150 PESETAS

El precio del petróleo sigue arrastrando en su caída al dólar americano. Tras varios meses de debilidad, ayer bajó de las 150 pesetas en su cotización respecto a la peseta. Esta evolución favorece a la economía española por el ahorro que supone en las importaciones, especialmente las de petróleo. Cada peseta que baja el dólar supone un ahorro en nuestra factura petrolera de 5.000 millones de pesetas.

Diario 16

El presidente de la OPEP, con Felipe González

El dólar, por debajo de 150 pesetas, mientras sigue la caída del petróleo

El País

Felipe González y Hernández Grisanti discutieron sobre los efectos de la caída del precio del crudo

La Vanguardia

El Brent volvió a desplomarse y bajan el dólar y la libra

El petróleo pisa los talones al carbón

5 Días

● Asocie las palabras o frases de la izquierda, tomadas de los titulares del periódico de la página anterior con los significados apropiados. Vea el ejemplo.

☐	Cotización.
☐	Ahorro.
☐	Factura petrolera.
☐	Crudo.
☐	OPEP.
☐	Brent.
☐	Desplomarse.
☐	Pisar los talones.

1. Petróleo sin procesar.
2. Petróleo del mar del Norte (el nombre lo toma del lugar donde se extrae).
3. Caída rápida.
4. Precio del mercado.
5. Pago por petróleo.
6. Yacimiento petrolífero.
7. Estar inmediatamente detrás.
8. Organización de Países Exportadores de Petróleo.
9. Mineral sólido combustible.
10. Economizar.

● ¿Qué destacan los respectivos periódicos?

Diario 16 destaca

La Vanguardia destaca

El País destaca

5 Días destaca

LA VANGUARDIA
El Gobierno abrirá una nueva mesa de concertación para negociar medidas de fomento del empleo

Diciembre, un 0,4
La inflación en 1988 se situará en torno al 5,5%
Diario 16

Estimación del BBV
El PIB creció el año pasado un 5,4%
CINCO DÍAS.

El valor de la mayoría de los productos se congelaría
La propuesta de precios agrarios de la Comisión Europea perjudica a España
EL PAIS

● Reúna la información obtenida en los diferentes diarios y escriba unas líneas que globalicen todos los aspectos.

I. Preparación

1. Conteste después de estudiar el mapa.

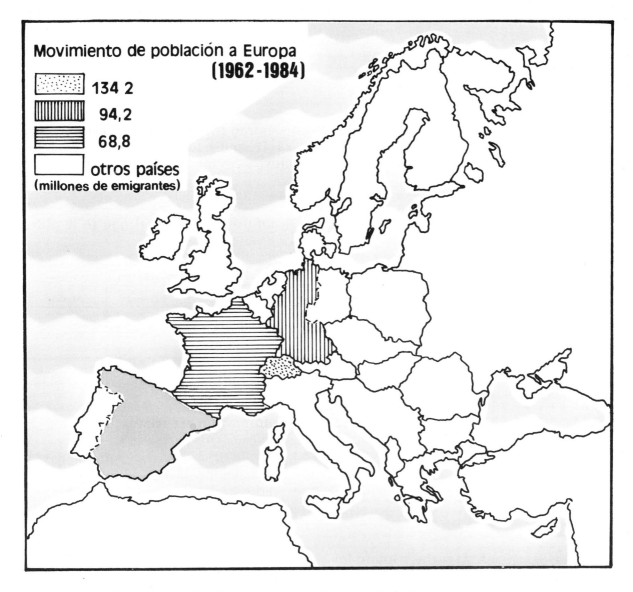

Movimiento de población a Europa
(1962-1984)

- 134 2
- 94,2
- 68,8
- otros países
(millones de emigrantes)

● ¿A qué países se ha dirigido la emigración española?

● ¿En qué período tuvo lugar esa emigración?

2. Diga qué proyectos de futuro tiene cada uno de los personajes A, B, C.

II. Audición

Dionisio y Mariano se encuentran con un amigo de éste, Felipe, en un centro español de Suiza. Después de hechas las presentaciones hablan de futuros proyectos.

COMPRENSIÓN AUDITIVA

1. Escuche y complete con la información general que se le pide.

	PERSONAJES				PROYECTOS	
	Procedencia	Profesión	Estado/Familia	Planes	Razones	Medios
Mariano						
Dionisio						
Felipe						

2. Escriba y complete con la información escuchada.

Dionisio _____ que falta de casa y _____ en Suiza. Felipe _____ porque tiene hijos acostumbrados a la vida de Suiza. Mariano _____ vive en Suiza _____

3. Escuche y anote los significados correspondientes a los siguientes vocablos.

Reducción de plantilla. _____

Iniciar una empresa. ‗‗‗‗‗‗‗‗‗‗‗‗‗‗‗‗‗‗‗‗‗‗‗‗‗‗

Buen puesto de trabajo. ‗‗‗‗‗‗‗‗‗‗‗‗‗‗‗‗‗‗‗‗‗‗

La empresa es próspera. ‗‗‗‗‗‗‗‗‗‗‗‗‗‗‗‗‗‗‗‗‗‗

III. Hable con su compañero

1. Practique saludos y despedidas con los compañeros.

CONVERSACIÓN

- Dos alumnos representan el papel de Felipe y Mariano y usted improvisa el de Dionisio (primera parte y últimas líneas del diálogo).
- Ahora cambie su papel con el de uno de los compañeros.

- Represente el diálogo.

IV. Practique la escritura

1. Complete las partes que faltan del diálogo siguiente.

ESCRIBA

(Asunción, mujer de Dionisio, se encuentra con una amiga, Luisa)

Luisa: —¡Qué alegría! ¡Cuánto tiempo sin verte!

Asunción: ‗‗‗‗‗‗‗‗‗‗‗‗‗‗‗‗‗‗‗‗‗‗‗‗‗‗‗‗‗‗

Luisa: —Yo muy bien, pero... ¿qué te pasa, Asunción, pareces preocupada?

Asunción: ‗‗‗‗‗‗‗‗‗‗‗‗‗‗‗‗‗‗‗‗‗‗‗‗‗‗‗‗‗‗

Luisa: —Ya comprendo, es un problema. ¿Y qué pensáis hacer?

Asunción: ‗‗‗‗‗‗‗‗‗‗‗‗‗‗‗‗‗‗‗‗‗‗‗‗‗‗‗‗‗‗

Luisa: —No es mala idea. Vivirás en el campo y cerca de los tuyos. ¡Qué bien!

Asunción: ‗‗‗‗‗‗‗‗‗‗‗‗‗‗‗‗‗‗‗‗‗‗‗‗‗‗‗‗‗‗

Luisa: —Claro, es natural, han nacido aquí y...

V. Gramática

FUTURIDAD	
Funciones	*Ejemplos*
Expresar planes.	*Montaré* un pequeño restaurante. *Pienso* poner una cafetería. Estoy *pensando* (en) comprarme una furgoneta. Vamos a admitir más personal.
DUDA	
Expresar dudas.	*¿Sabrán* reparar la avería? *No sé si sabrán* adaptarse. *No sabemos si* habrán llegado. *No sé si habrás* oído eso.

HACER (con indicación de tiempo) LLEVAR (con indicación de tiempo)	
Uso	*Ejemplos*
Relación entre pasado y presente. (preguntas) (aseveraciones)	¿Cuánto (tiempo) *hace* que vives aquí? = ¿Cuánto (tiempo) *llevas* aquí? ¿*Hace* mucho (tiempo) que vives aquí? = ¿*Llevas* mucho (tiempo) aquí? *Hace* poco (tiempo) que vivo aquí = *Llevo* poco (tiempo) aquí. *Hace* un año que vive en Barcelona = *Lleva* un año en Barcelona. *Hace* un año que regresé = *Regresé* hace un año. *Hace* tres meses que vendió la casa = *Vendió* la casa hace tres meses.

SER DE/ESTAR EN/POR	
Uso	*Ejemplos*
Procedencia Localización	¿De dónde *son* ustedes? *Somos* de Buenos Aires. ¿Dónde *estás* ahora? *Estuve* mucho tiempo *en* América. Mi hermano *está en* Panamá. ¿Cuánto tiempo hace que *estás (por)* aquí?

1. Coloque la frase equivalente con *hacer* o *llevar*.

¿Cuánto *hace* que vivís en esta casa?	¿Cuánto *lleváis* en esta casa?
Llevo dos años en Alemania.	
¿*Hace* mucho que estáis aquí?	
Hace un año que trabajo en esta empresa.	
Lleva seis meses en paro.	
Se fueron *hace* un rato.	
Telefoneó *hace* una hora.	

2. Complete las frases de duda según los ejemplos dados.

certeza	duda
Van a subir los precios.	No sé si *subirán* los precios.
Piensa ampliar el negocio.	No sabe
Voy a volver a Suiza.	No sé
Sabe manejar la máquina.	¿Sabrá manejar la máquina?
Piensa abrir durante las vacaciones.	¿ durante las vacaciones?
Tenemos bastante tiempo.	¿ bastante tiempo?
Ya han firmado el contrato.	¿ firmado ya el contrato?

3. Coloque la forma correcta del presente de *ser* o *estar*.

- Yo _____ argentino.
- ¿Dónde _____ vosotros ahora?
- ¿De dónde _____ Gracia?
- ¿Cuánto tiempo hace que _____ ustedes aquí?
- Mateo _____ en Brasil.
- ¿_____ (tú) peruano?

1. Observe el dibujo A y conteste.

A

- ¿Refleja este dibujo una manera de vivir actual?

- ¿Qué elementos apoyan su respuesta?

2. Examine el dibujo B y diga.

- ¿Refleja el mismo tipo de sociedad que el dibujo A?

- ¿Qué elementos apoyan su respuesta?

- ¿Qué factores han influido en la construcción de grandes edificaciones?

- ¿Por qué sólo existe Metro en las grandes ciudades?

B

3. Diga las diferencias fundamentales entre los dibujos A y B.

4. Lea.

LA POBLACIÓN

Al comenzar la década de los 80, España alcanzó los 38 millones de habitantes, lo que supone una densidad de población de 75 habitantes por kilómetro cuadrado (75 h./km.^{2}), cifra notablemente inferior a la de otros países de Europa Occidental.

Naturalmente, la población no está distribuida uniformemente por todo el territorio: en la España periférica se encuentran las mayores densidades de población, que llegan a doblar a las de la media nacional. Es precisamente allí donde se ubican las grandes ciudades como Barcelona, Valencia, Sevilla, Bilbao, Málaga, Las Palmas, Vigo, etc., las cuales, junto con los municipios de su área de influencia, forman prolongadas zonas urbanas; por el contrario, en el interior sólo existen concentraciones elevadas en el gigantesco islote del área metropolitana de Madrid, que reúne cerca de cinco millones de personas, y en la ciudad de Zaragoza, con algo más de medio millón de habitantes.

Los grandes núcleos urbanos son resultado de los movimientos migratorios en los últimos años. La población ha tendido a concentrarse en las urbes, mientras que los pequeños pueblos, víctimas de la migración, reducen sus efectivos humanos e incluso desaparecen. Poco a poco España rural se desertiza.

Estos movimientos de población interiores son relativamente modernos. Tradicionalmente las gentes salían de sus pueblos para buscar fortuna en el extranjero. La emigración exterior se canalizaba casi exclusivamente hacia Hispanoamérica, fruto de ella son los dos millones largos de españoles que en la actualidad residen allí, de los cuales la mitad se encuentran en Argentina. A partir de 1959 y hasta mediados de los años 70, la gran emigración al exterior se orientó hacia la Europa Occidental: en Francia, Alemania, Suiza y Bélgica es donde se asentaron mayor número de españoles, alcanzando una cifra superior al millón de personas en los años 70.

Los movimientos migratorios interiores se debieron a profundos cambios en la economía, los cuales motivaron una mayor demanda de mano de obra en la industria y los servicios. La quiebra de la agricultura tradicional, y el consiguiente incremento de la productividad de la mano de obra en este sector debido a la mecanización, expulsó a una enorme cantidad de trabajadores de las zonas rurales. En las ciudades la urbanización y la construcción experimentaron un intenso auge en los núcleos de población, para acoger a la masa inmigrante, necesitada de viviendas y servicios.

Recientemente y como consecuencia de la crisis económica originada en los 70, la población se encuentra con el enorme problema del paro. Las cifras de parados, que alcanzan un elevado porcentaje de la población activa, son alarmantes. Este problema, generalizado en el mundo occidental, no parece tener solución a corto plazo.

5. Comprensión general.

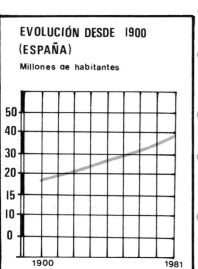

EVOLUCIÓN DESDE 1900
(ESPAÑA)

Millones de habitantes

● ¿Qué densidad de población alcanzó España en los 80?

● ¿Dónde se concentra la población en España con mayor intensidad?

● ¿Por qué se desertiza la España rural?

● ¿Hacia dónde se canalizó la emigración española en la década de los 60?

● ¿Qué hizo abandonar las zonas rurales a la clase trabajadora?

6. Comprensión detallada.

DESARROLLO URBANO
DE MADRID

● Mencione los núcleos urbanos más importantes de la periferia.

● ¿Existe alguna concentración en el interior? Menciónela.

● ¿Qué países de la Europa Occidental recibieron mayor número de emigrantes españoles?

● ¿Mencione los problemas principales que surgen en la ciudad en período de rápido crecimiento. Especifique.

7. Exprésese libremente. Hable con su compañero. ¡Usted empieza!

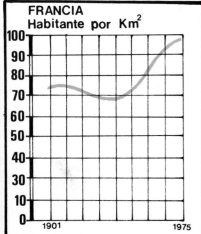

FRANCIA
Habitante por Km^2

● Elija un país de Europa Occidental y diga a su compañero dónde se concentra la población más intensamente.

● En su país, ¿existen notables diferencias de densidad según las regiones? Descríbalas a su compañero.

● ¿Hay inmigrantes extranjeros en su país o región? Diga las zonas donde se asientan y dé razones.

● Ahora su compañero elige un país diferente y le da el mismo tipo de información a usted.

VII. Amplíe

1. Mire el mapa detenidamente y responda a las preguntas.

MAPA DE DENSIDADES

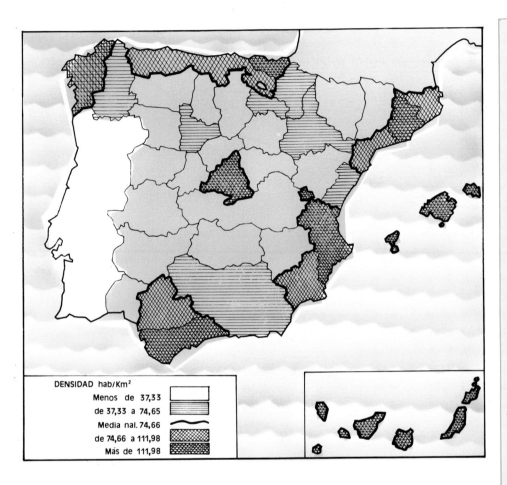

DENSIDAD DE POBLACIÓN HABITANTES / Km.²		
	Densidad	Índice
La Coruña	138,79	185,87
Lugo	41,35	55,38
Orense	59,10	79,15
Pontevedra	197,29	264,22
Asturias	106,91	143,18
Cantabria	97,02	129,93
Álava	84,62	113,33
Vizcaya	536,44	718,41
Guipúzcoa	349,79	468,45
Navarra	48,84	65,41
Ávila	22,81	30,55
Burgos	25,51	34,18
León	33,85	45,33
Palencia	23,42	31,38
Salamanca	29,53	39,55
Segovia	21,49	28,87
Soria	9,79	13,11
Valladolid	58,74	78,67
Zamora	21,57	28,89
Madrid	586,23	785,09
Zaragoza	48,19	64,54
Huesca	13,71	18,38
Teruel	10,37	13,89
La Rioja	50,53	67,67
Barcelona	597,85	800,66
Tarragona	81,66	109,38
Lérida	29,38	39,32
Gerona	79,34	106,25
Baleares	130,82	175,20
Valencia	191,93	257,07
Castellón	64,66	86,59
Alicante	197,83	264,94
Murcia	84,43	113,07
Cáceres	21,13	28,30
Badajoz	29,78	39,86
Albacete	22,84	30,59
Ciudad Real	24,06	32,22
Cuenca	12,66	16,93
Guadalajara	11,77	15,76
Toledo	30,88	41,35
Almería	46,82	62,70
Cádiz	134,33	179,92
Córdoba	52,55	70,38
Granada	60,54	81,08
Huelva	41,51	55,67
Jaén	47,40	63,48
Málaga	140,98	188,78
Sevilla	105,59	141,41
Las Palmas	178,82	238,80
Tenerife	205,39	275,06
Ceuta	3.625,70	
Melilla	4.349,00	

DENSIDAD hab/Km²

Menos de 37,33
de 37,33 a 74,65
Media nal. 74,66
de 74,66 a 111,98
Más de 111,98

● Localice las grandes concentraciones de población y diga dónde se encuentran.

● ¿Por qué cree que la población se concentra en esas áreas? Sugiera diferentes razones.

● Lea las cifras al pie del mapa y diga qué contraste encuentra.

31

2. Estudie el gráfico y señale.

EVOLUCIÓN DE LA POBLACIÓN ESPAÑOLA DESDE 1594

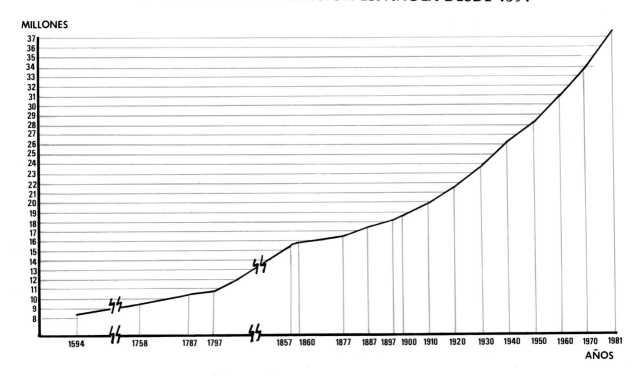

1594 (1)	8.206.791	1877	16.622.175	1930	23.844.796
1768 (1)	9.159.999	1887	17.549.608	1940	26.187.899
1787 (1)	10.268.150	1897	18.108.610	1950	28.368.642
1797 (1)	15.541.221	1900	18.617.956	1960	30.903.137
1857	10.454.514	1910	19.992.451	1970	34.032.801
1860	15.643.072	1920	21.508.135	1981	37.682.355

(1) Censos no oficiales.

- Características del crecimiento de la población anterior al siglo XIX.

- Características del crecimiento de la población hasta 1900.

- Características del crecimiento a partir de 1900.

32

I. Preparación

1. Observe los dibujos y conteste.

EJERCICIOS

- ¿Qué planta aparece cultivada en el dibujo A? _____

- ¿Cómo se denomina una parcela con esta plantación? _____

- ¿Qué produce la planta y qué se elabora a partir de este producto? _____

- ¿Qué función cumple una bodega? _____

- ¿Para qué sirven las botellas del dibujo C? _____

II. Audición

El señor Tokado (jefe de la delegación japonesa) y el señor Kamayoto (acompañante) conversan con el señor Ruano (director comercial) y el señor Laínez (técnico-enólogo).

1. Escuche y marque si las respuestas son verdaderas ⊻ o falsas F.

☐ Los riojanos importan uvas para elaborar sus vinos.
☐ Es ilegal comprar uvas de otra zona.
☐ El sabor de los vinos depende de la situación de los viñedos.
☐ Un catador no puede detectar si las uvas empleadas son de la zona.

2. Abajo tiene desordenados los diferentes pasos necesarios para elaborar el vino. Escuche y ordene, colocando el número (del 1 al 7) que le corresponda.

☐ Se embotella.
☐ Permanece en las cubas.
☐ La uva se trae.
☐ Se extrae el mosto.
☐ Fermenta.
☐ Se prensa.
☐ Se deposita en las cubas.

3. Escriba tres condiciones obligatorias que acompañen a las etapas del proceso de elaboración.

1. Las uvas *tienen que* ▬▬▬▬▬▬▬▬▬
2. La temperatura *debe* ▬▬▬▬▬▬▬▬▬
3. El mosto *necesita* ▬▬▬▬▬▬▬▬▬

4. Marque ☒ la respuesta correcta. ¿Qué planes tiene la bodega riojana?

☐ Atender sólo al mercado nacional.
☐ Ampliar locales.
☐ Reducir la venta al mercado local.
☐ Iniciar exportaciones al extranjero.

5. Tome nota de materias o productos, instrumentos y lugares necesarios en el proceso escuchado.

materias	instrumentos	lugares

III. Hable con su compañero

Cuente a su compañero la historia de una carta desde que se escribe hasta que se recibe.   CONVERSACIÓN

Ayúdese de las siguientes palabras, si lo desea.

primero	escribir	carta
después	poner sellos	cartero
más tarde	echar	correos
una vez (+ participio)	llevar	buzón
finalmente	clasificar	destinatario
	distribuir	

IV. Practique la escritura

1. Termine la composición valiéndose del esquema y la información que se le da.   ESCRIBA

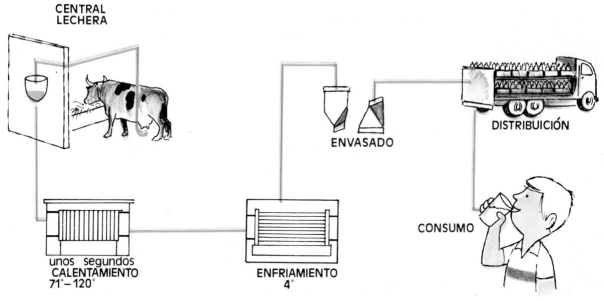

CENTRAL LECHERA

ENVASADO

DISTRIBUICIÓN

CONSUMO

unos segundos
CALENTAMIENTO
71°–120°

ENFRIAMIENTO
4°

La leche es un producto que, para conservarse, necesita someterse a tratamientos especiales. Uno de ellos es el proceso de pasteurización en el que la leche natural, una vez en la central lechera, se

2. Correspondencia comercial.

● Pedido.

山海貿易会社　（株）　☎ (0 3 3) 3 3 9 – 8 1 7 1

東京都千代田区南本町 5 丁目　　　TLX 2 4 7 4 9 0 6 S K B K – J

2 1 番地　六角ビル　（〒） 1 6 7

20 de septiembre de 1985

Bodegas Reunidas Riojanas, S.A.
Haro. LA RIOJA (España)

Muy Sr. mío:
    Después de la agradable visita a su bodega y tras las conversaciones allí mantenidas, nuestra empresa ha decidido hacer un pedido en firme a Bodegas Reunidas Riojanas, S.A., siempre que las condiciones fuesen interesantes.
    Desearíamos importar 5.000 (cinco mil) botellas en un primer pedido y nos interesaría conocer en qué plazo podríamos ser servidos, así como la forma de pago.
    Aprovecho esta ocasión para saludarle atentamente,
Firmado: K. Kamayoto
Director Comercial

● Contestación a carta de pedido.

Tel. 47 30 21
Télex: 93517

BODEGAS REUNIDAS RIOJANAS, S.A.
Haro, La Rioja

2 de octubre de 1985

Muy Sr. mío:
    Acusamos recibo de su carta del 20 de septiembre del presente en la que nos pide información sobre nuestras condiciones de venta.
    Nos es grato comunicarle que tenemos existencias para un pedido de hasta cincuenta mil litros, cosechas de los años 1978, 79 y 80. Nuestros precios, adjuntos en hoja aparte, son f.o.b. Barcelona, aunque podríamos ocuparnos del seguro y flete a su país si le interesara. Por tratarse de un primer pedido, el pago debería ser por Carta de Crédito a nuestro favor avalada, fraccionada en tres pagos a treinta, sesenta y noventa días.
    En espera de sus gratas noticias, le saluda atentamente,

Firmado: Pedro Juárez
Jefe de Ventas

- Estudie el siguiente pedido y escriba la contestación. Ayúdese del vocabulario que se le proporciona.

CONSTRUCCIONES DOSA
Carretera de Valencia s/n, km. 13,00
28003 MADRID

Tel.: 463 91 00
Télex: 47521

Materiales y Cerámicas
Polígono Industrial, parcela H
BURGOS

10 de febrero de 1986

Muy Sres. míos:

Les ruego que, con la máxima brevedad, nos sea servida una partida de 2.000 (dos mil) unidades de forjado «doble T», que les será abonada en las condiciones usuales en nuestras relaciones comerciales.
En espera de sus gratas noticias, les saluda atentamente,

MATERIALES Y CERÁMICAS, S.A.

FÓRMULAS DE CORTESÍA

Estimado/a Sr./Sra.
Apreciado/a Sr./Sra.
Muy Sr. mío/Sra. mía

Muy Sr. nuestro/Sra. nuestra

Queda de usted atentamente
Reciba un cordial saludo
Aprovechamos esta ocasión
  para saludarle atentamente
Muy atentamente

LÉXICO COMERCIAL

estar en fabricación ·
tener/no tener existencias
tener/no tener depósito
no fabricarse

fecha de entrega
despacho (de mercancías)
recepción (de mercancías)
facturar
girar

V. Gramática

CONDICIONAL	
Funciones	*Ejemplos*
Expresar hipótesis. Expresar deseos cortésmente.	No *sería* rentable exportar ese vino. *Perdería* fuerza fuera de esta zona. Me *interesaría* visitar la nueva planta. *Desearíamos* importar vino.

IMPERATIVO	
Funciones	*Ejemplos*
Invitación.	*Veamos* esas cuentas. *Tomen* otra copa.

SE (impersonal)	
Funciones	*Ejemplos*
Explicación de procesos. Información objetiva.	El pan *se* hace con harina. El grano *se* lava y *se* muele. La masa *se* cuece en un horno. ¿*Se* fabrica aceite aquí? En el centro *se* veía una torre. ¿*Se* consume el vino localmente?

APLIQUE LAS REGLAS

1. Ponga el verbo entre paréntesis en forma *impersonal*.

● Vapor de agua.

(Poner) _____ en un vaso agua y mucho hielo. Entonces sobre la parte externa del vaso (formar) _____ muchas gotitas de agua. ¡No es el agua contenida en el vaso! El vapor de aire se ha transformado en agua.

● Zumo de naranja.

(Tomar) _____ una naranja, (cortar) _____ por la mitad, (exprimir) _____ en un exprimidor y entonces (obtener) _____ zumo y restos de pulpa.

2. Ponga el verbo entre paréntesis en la forma *personal.*

(Servirse) _____ usted primero.
(Pasar) _____ (ustedes) por aquí.
(Tomar) _____ (tú) más tarde.
(Sentarse) _____ (tú) más cerca.

3. Transfórmense en *hipótesis* **las siguientes enunciaciones o ponga el verbo en la forma adecuada.**

● La falta de acuerdo entre empresarios y sindicatos afecta la producción. _____
_____

● Las medidas proteccionistas de EE.UU. perjudican a ciertos países. _____
_____

● Es conveniente cotizar muchos años a la Seguridad Social. _____
_____

● Los gobiernos locales necesitan presupuestos mayores el próximo año. Así la seguridad ciudadana (mejorar) _____ , la educación (recibir) _____ mayor atención, en general los servicios (aumentar) _____ y nosotros los ciudadanos (gozar) _____ de mayores beneficios.

4. Exprese los siguientes deseos de forma más cortés.

● Quiero cambiar estos cheques. _____
_____

● ¿Puedo entrar? _____

● Deseo viajar a Japón. _____

● Me gusta conocer a gente nueva. _____

VI. Lectura

1. Estudie los gráficos y conteste.

EVOLUCIÓN DE LA PRODUCCIÓN AGRARIA Y PESQUERA
10⁹ pesetas (a precios corrientes)

EVOLUCIÓN DE LA PRODUCCIÓN AGRARIA Y PESQUERA
(% sobre PIB c.f.)

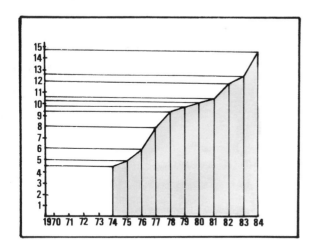
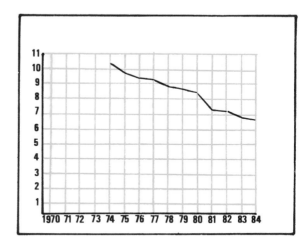

● ¿Qué indican los gráficos superiores?

● Interprete qué reflejan las distintas pendientes de los gráficos.

2. Observe las fotos y diga las diferencias.

3. Lea.

LA AGRICULTURA

Es muy frecuente oír decir que "España es un país eminentemente agrario", o que "la agricultura es la base de nuestra economía". Nada más falso. Como tantas otras frases hechas, sólo es un tópico que dejó de ser cierto hace más de veinte años. En efecto, la agricultura española, en los años 1913-14, tenía una producción que representaba el 52 por 100 del producto nacional. Al comenzar la década de los 60, esta cifra era de sólo el 23 por 100 del Producto Interior Bruto al coste de los factores (PIBcf), magnitud que continuó reduciéndose, y en 1983 era sólo el 6 por 100. Sin embargo, su peso en la vida española es superior a lo que denotan estas cifras, pues el sector agrario emplea el 16 por 100 de la población total ocupada, lo que refleja una productividad por persona muy inferior a la de otros sectores de la economía.

Esta limitada productividad se debe en gran medida a factores físicos: la elevada altitud media de la Península Ibérica, en la que gran parte del suelo cultivable se encuentra a más de 800 metros sobre el nivel del mar. Por este motivo las mesetas del interior están expuestas a fuertes heladas, factor que, unido a lo irregular de las precipitaciones —que dividen al país en dos partes bien diferenciadas, la España húmeda y la España seca—, introduce un elevado índice de incertidumbre en la explotación agraria.

A pesar de todo, en los últimos veinte años, la agricultura ha sufrido un extraordinario proceso de modernización. Hoy podemos hablar de una nueva agricultura surgida a partir de la crisis de la agricultura nacional, que ha desaparecido al impulso del desarrollo económico.

Dos hechos fueron los que motivaron este fenómeno. El primero fue el intenso proceso de emigración rural durante los años 60, cuando la población agraria disminuyó de cinco a dos millones. Como consecuencia, hubo una fuerte presión a la alza de los salarios que impulsó la mecanización del campo, al tiempo que impedía, en cierta medida, la convivencia entre la pequeña y la gran explotación. El segundo factor se debió al impulso y a los cambios que el aumento de la renta nacional produjo en la demanda de productos agrarios por las familias españolas. Una demanda crecida y diferente —de más calidad— que fue preciso atender desde unas explotaciones agrarias que habían visto alteradas, por el propio desarrollo, sus condiciones de producción y estructura de costes.

Se modificaron las explotaciones y los cultivos. Los ganaderos minifundistas del norte y noroeste tuvieron que adaptarse a las necesidades de la agroindustria; las áreas cerealistas de Castilla pasaron de los cultivos destinados al consumo humano a sembrar cereales pienso. El girasol, por otro lado, cubrió gran parte de las tierras del interior. Los cultivos de regadío sufrieron un incremento ayudados por las nuevas tecnologías tanto en lo que se refiere a la extracción de agua como a los métodos de riego.

No obstante, todo no es prometedor en la agricultura. El proceso de modernización no avanza, la falta de movilidad de la tierra debido al reducido esfuerzo de la política de estructuras agrarias. Por otro lado, la protección pública al sector se ha limitado a una política de sostenimiento de precios, realizada a través de organismos oficiales: el Fondo de Orientación y Regulación de Productos y Precios Agrícolas (FORPPA), el Servicio Nacional de Productos Agrarios (SENPA), etc., lo que de algún modo ha propiciado el mantenimiento de producciones obsoletas.

4. Comprensión general.

- ¿Cuál es el peso de la economía española? Dé dos respuestas.
  1. _____
  2. _____

- Mencione tres factores que condicionan la productividad en la agricultura.
  1. _____
  2. _____
  3. _____

- Enumere las causas generales que provocaron la crisis de la agricultura tradicional.

  _____

  _____

- Diga tres características de la nueva agricultura.
  1. _____
  2. _____
  3. _____

5. Comprensión detallada.

- Escriba dos consecuencias de la emigración rural.
  1. _____
  2. _____

- ¿Cómo influye el aumento de la renta nacional en la demanda de productos agrícolas?

  _____

  _____

6. Exprésese libremente.

- Informe a su compañero sobre los productos agrarios más consumidos en su región o país. Anótelo y compárelo con otros compañeros.

Productos	Usted	Su compañero
Frutas		
Verduras		
Cereales		
Carnes		
Lácteos		

VII. Amplíe

1. Estudie el gráfico y explíquelo.

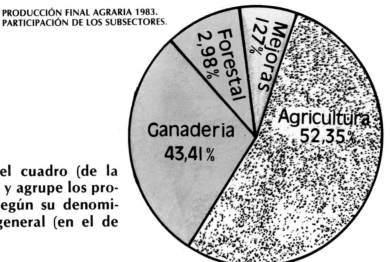

PRODUCCIÓN FINAL AGRARIA 1983.
PARTICIPACIÓN DE LOS SUBSECTORES.

PRODUCCIÓN AGRICOLA (en miles de Tm.)	
Productos	**1984**
1. Vino 10^3 Hl.	35.537
2. Cebada	10.695
3. Remol. az.	8.814
4. Trigo	6.044
5. Patata	5.949
6. Maíz	2.495
7. Naranja dulce	1.899
8. Cebolla	1.114
9. Mandarina	1.009
10. Girasol	968
11. Manzana m.	959
12. Avena	790
13. Melón	787
14. Aceite oliva	683
15. Pimiento	634
16. Uva de mesa	556
17. Sandía	553
18. Melocotón	527
19. Limón	494
20. Pera	489
21. Plátano	447
22. Arroz	437
23. Centeno	325
24. Ajo	261
25. Almendra	221
26. Albaricoque	216
27. Algodón (br.)	168
28. Judías secas	75
29. Habas secas	64
30. Garbanzos	60
31. Veza	45
32. Yeros	37
Total parcial	83.352

2. Estudie el cuadro (de la derecha) y agrupe los productos según su denominación general (en el de abajo).

PRODUCTOS VARIOS	
	Legumbres
	Cereales
	Frutas y derivados
	Verduras
	Plantas industriales

3. Teniendo en cuenta el cuadro (de la derecha), conteste.

- ¿Qué consumimos de la oveja?, ¿del caballo?, ¿de las aves?, ¿de la cabra?, ¿de la abeja?, ¿del cerdo?, ¿de la vaca?

- ¿En qué proporción?

PRODUCTOS GANADEROS (1982-1983)

Productos	1982	1983 Mill. Tm.	%
I. Carne			
1. Porcino	1.114,6	1.119	43,0
2. Aves	852,6	813	31,2
3. Bovino	419,9	422	16,2
4. Ovino	131,1	130	5,0
5. Conejos	129,6	100	3,9
6. Equino	9,5	8	0,3
7. Caprino	10,4	11	0,4
Total	2.667,7	2.603	100,0
II. Leche (millones de litros)			
1. Leche de vaca	5.947,0	6.067	91,4
2. Leche de cabra	308,0	335	5,0
3. Leche de oveja	226,0	236	3,6
Total	6.481,0	6.638	100,0
III. Otros productos ganaderos (Tm.)			
1. Huevos (mill. doc.)			
2. Lana sucia	1.027,0	1.020	
3. Miel	22.778,0	23.755	
4. Cera	13.544,0	13.183	
	730,0	979	
Total	38.079,0	38.937	

EL DESARROLLO INDUSTRIAL

I. Preparación

1. Cuente la historia que se representa en la serie de dibujos. Ayúdese del vocabulario que se le da.

montar
maquinaria
negocio
renovar
comercio
fábrica
ampliar
plantilla
red de
distribución
incrementar

En el año 1950 mi padre tenía un pequeño ''negocio'' _____

II. Audición

El señor Font (industrial) y el señor Martínez (director de una sucursal bancaria) conversan en el despacho del segundo.

1. Escriba debajo de cada dibujo la información oída y referente a cada uno de ellos.

EVOLUCIÓN DE LA SEDE DE LA INDUSTRIA

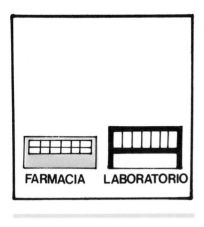

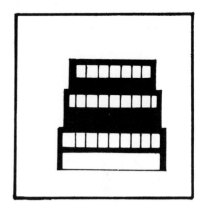

_____
_____
_____

_____
_____
_____

_____
_____
_____

2. Elija ☒ dos frases que indiquen el tipo de vida que el señor Font llevaba al comenzar la profesión.

- ☐ Viajaba por su provincia.
- ☐ Vivía en la trastienda de la farmacia.
- ☐ Era representante de los productos de la industria de su padre.
- ☐ Viajaba mucho por diferentes partes del país.
- ☐ Trabajaba siempre en el laboratorio.

3. Escriba, en una sola frase, la mayor dificultad con que contaba la industria antes de la prosperidad.

4. Ordene las frases siguientes ⬜1 ⬜2 ⬜3 ⬜4 ⬜5, ateniéndose a la información oída.

- ☐ Compramos más y mejor instrumental.
- ☐ Se mejoró el sistema de ventas.
- ☐ Se contrató a más personal.
- ☐ Aumentamos los medios para vender los productos.
- ☐ Elevamos un piso sobre la farmacia.

5. ¿Cómo espera superar la crisis el señor Font?

Espera 1._____

2._____

6. ¿Qué necesita para superar la crisis?

_____

_____

III. Hable con su compañero

CONVERSACIÓN

1. Dos amigos se encuentran en Venezuela después de veinte años y uno de ellos le cuenta al otro por qué emigró de España. Use las pistas y los secuenciadores que se le dan.

	Usted	Su compañero
en un principio entonces en los primeros años en primer lugar después más tarde	ejercer medicina aldea despoblación perder ingresos familiar escribir oportunidades tomar avión establecerse en Caracas	¿dónde naciste? ¿qué hacías? ¿cómo te iba? ¿por qué cambiaste? ¿quién te ayudó?

IV. Practique la escritura

ESCRIBA

1. Escriba una pequeña narración sobre el señor Font, teniendo en cuenta la información del diálogo.

El señor Font era hijo de un farmacéutico que tenía _____

_____

_____

Al principio de su vida profesional _____

_____

_____

Posteriormente, en los años _____

_____

_____

Ahora _____
_____
_____
_____
_____
_____

V. Gramática

PRETÉRITO INDEFINIDO	
Funciones	*Ejemplos*
Valor narrativo.	*Tuvimos* muchas pérdidas aquel año, los materiales *subieron* un 10 por 100. Las compras *bajaron* sensiblemente. *Vendimos* menos del 70 por 100 de la producción.

PRETÉRITO IMPERFECTO	
Funciones	*Ejemplos*
Acción en desarrollo, descriptiva durativa, habitual.	Visité una fábrica de papel que *estaba* situada junto al río. El dueño *era* un viejo amigo mío y *llevaba* muchos años en aquel negocio. Yo le *enviaba* los catálogos de la empresa todos los años.

El relativo QUE	
Sintaxis	*Ejemplos*
Sin artículo.	Los productos *que* venden son de gran calidad. El plan de *que* hablé.
Con artículo.	Empresas con *las que* mantenemos buenas relaciones. Bancos en *los que* tenemos cuenta.
Explicativo (precedido de "coma").	Anulamos la entrevista, *que* ya no tenía objeto.

1. Coloque el *indefinido* o el *imperfecto,* según corresponda.   APLIQUE LAS REGLAS

● Durante mucho tiempo yo (trabajar) _____ para la fábrica de curtidos Rosell, de Barcelona. Todos los inviernos yo

47

(recorrer) _____ los pueblos de Cataluña con un camión y (comprar) _____ pieles de cordero principalmente. Me (pagar) _____ un sueldo y una pequeña comisión. En aquel tiempo yo siempre (estar) _____ en la carretera, pero me (ganar) _____ la vida bien. (Estar) _____ más de quince años con la casa Rosell. (Aprender) _____ mucho del negocio de pieles con ellos, y esto me (permitir) _____ luego establecerme por mi cuenta.

● Hace veinte años no (haber) _____ industria alguna en este pueblo. La gente (vivir) _____ de la agricultura. Se (cultivar) _____ trigo, maíz y patatas, pero todo esto se (vender) _____ a precios muy bajos. El pueblo (ser) _____ pobre. Entonces se (instalar) _____ aquí una fábrica de piensos, que desde el primer momento (tener) _____ éxito. Luego (venir) _____ la primera granja de pollos y después una fábrica de galletas. El pueblo (prosperar) _____ bastante en el curso de tres o cuatro años. Pero el gran cambio (ocurrir) _____ en la última década, cuando (empezar) _____ a llegar industrias no derivadas de la agricultura. En esos años el número de habitantes del pueblo se (multiplicar) _____ por tres.

2. Una los siguientes pares de frases con el relativo *que*.

Ejemplo: *Tienen artículos de calidad. Los exportan a todo el mundo.*
Tienen artículos de calidad que exportan a todo el mundo.

● Hemos comprado una nueva máquina. Produce tres veces más que la vieja. _____

● Tienen deudas. Ascienden a muchos millones. _____

● Hemos devuelto un giro. No nos pertenecía. _____

● Éste es un gran mercado. Conviene trabajarlo. _____

● No pudimos hablar con el gerente. Estaba de viaje. _____

● Sube el impuesto sobre el tabaco. Es el más impopular. _____

● Son negocios sucios. En ellos no quiero meterme. _____

● Es un asunto secreto. No debo hablar de él. _____

VI. Lectura

1. Observe los gráficos y señale las semejanzas y diferencias. EJERCICIOS

EVOLUCIÓN DEL CONSUMO APARENTE DE ACERO EN ESPAÑA

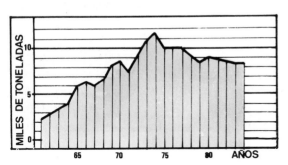

Fuente: «Unión de Empresas Siderúrgicas» (UNESIS)

AÑOS	Miles de toneladas	AÑOS	Miles de toneladas
1961	2.488	1973	10.943
1962	2.828	1974	11.767
1963	3.565	1975	10.010
1964	4.344	1976	10.044
1965	5.947	1977	10.122
1966	6.144	1978	8.440
1967	6.060	1979	7.989
1968	6.804	1980	8.652
1969	8.421	1981	8.406
1970	8.544	1982	8.258
1971	7.862	1983	8.118
1972	9.513	1984 (1)	8.000

(1) Dato estimado

EVOLUCIÓN DE LAS VIVIENDAS CONSTRUIDAS EN ESPAÑA

AÑOS	Unidades	AÑOS	Unidades
1961	148.020	1973	348.548
1962	162.445	1974	358.460
1963	206.697	1975	374.391
1964	256.894	1976	319.825
1965	283.285	1977	324.384
1966	268.366	1978	318.870
1967	204.471	1979	260.774
1968	248.089	1980	262.931
1969	270.254	1981	233.023
1970	308.049	1982	235.019
1971	318.914	1983 (1)	239.000
1972	336.304	1984 (1)	245.000

(1) Dato estimado.

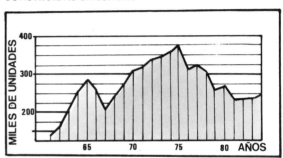

Fuente: «Instituto Nacional de la Vivienda».

EVOLUCIÓN DE LA CONSTRUCCIÓN NAVAL EN ESPAÑA

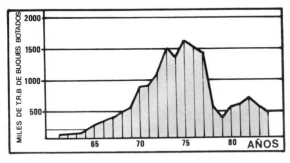

Fuente: «Asociación de Constructores Navales de Europa Occidental».

AÑOS	T.R.B. de buques botados	AÑOS	T.R.B. de buques botados
1961	149.900	1973	1.599.585
1962	153.700	1974	1.434.047
1963	187.836	1975	1.666.017
1964	219.500	1976	1.607.100
1965	304.822	1977	1.567.908
1966	391.466	1978	678.439
1967	414.469	1979	480.559
1968	507.989	1980	570.105
1969	571.358	1981	600.601
1970	931.950	1982	747.604
1971	928.204	1983	587.199
1972	1.148.545	1984 (1)	500.000

(1) Dato estimado

En los tres gráficos

Sin embargo, en el primero

2. Observe las fotos y conteste.

● ¿Qué tipo de industria representan estas fotos? _____

_____

_____

● ¿En qué situación se encuentran hoy día? _____

_____

_____

3. Lea.

EL DESARROLLO INDUSTRIAL

Desde comienzos de los años 70, y como consecuencia del rápido ritmo de desarrollo de la década anterior, España ha dejado de ser un país agrario. La Renta Industrial, contabilizada en pesetas constantes desde 1955, se multiplicó por 3,5 entre 1959 y 1980, y España pasó a ocupar alrededor del décimo puesto entre los países industriales del mundo, lugar que, también le corresponde por su Producto Nacional Bruto (PNB).

El proceso de industrialización ha seguido diversas fases bien diferenciadas desde la guerra civil. La primera de ellas ocupa el período 1939-1959, durante el cual se persiguió alcanzar un elevado grado de autarquía económica, inaugurándose una etapa de fuerte proteccionismo y dirigismo. El proteccionismo frente al exterior se concretó no sólo en nuevos y elevados aranceles, sino también en un régimen de contingenciación de bienes importados, incluso se prohibió la entrada de ciertos productos que hacían competencia a los producidos en el interior, política que, si bien benefició a determinadas industrias, perjudicó al conjunto del sector. Por otro lado, el Estado se transformó en el más importante empresario industrial al fundarse en 1941 el Instituto Nacional de Industria (INI), organismo creado con vistas a potenciar determinadas industrias clave allí donde la iniciativa privada fuera insuficiente. En la actualidad el INI se ha convertido en un verdadero "holding" estatal con participación directa en unas cien empresas. Su forma jurídica es de la sociedad anónima (S.A.), de las que el INI es el administrador de sus participaciones accionarias. Sus actividades recorren un amplio abanico: minería, electricidad, cemento, productos y derivados petrolíferos, abonos, fibras sintéticas, productos químicos, celulosas, metalurgia, construcción naval, industria automotriz, comunicaciones terrestres y aéreas, etc.

La importancia del INI ha ido creciendo desde su fundación, si bien no sucedió así con las ideas rectoras que le inspiraron. En 1959 se llegó al límite de la política de autarquía y el Estado estuvo al borde de la bancarrota, lo que obligó a dar un giro radical a la política económica. Tras un período de reajuste, en 1963 se inició el movimiento liberalizador de la ordenación industrial. La necesaria transformación fue dolorosa, pero hizo posible que desde este año hasta mediados de los años 70 se realizase el más rápido y profundo cambio habido en la economía española. Fueron los años del "desarrollismo" y de la euforia económica, bruscamente interrumpido por la crisis que a nivel mundial se manifestó en 1973. Las medidas para afrontarla no fueron todo lo rápidas y necesarias que hubiera sido deseable, y algunos sectores importantes de la economía española entraron en un período de recesión, afectando muy especialmente a la industria siderúrgica y la construcción naval. Aunque tardíamente, la industria española tuvo que enfrentarse a una profunda reconversión.

■ COMPRENSIÓN
LECTORA

4. Comprensión general.

● ¿Qué transformación ha sufrido la economía española desde 1959?

● ¿Cuál fue la política industrial en el período de 1939 a 1959?

● ¿Qué política económica se inaugura en 1959?

● ¿Por qué entraron en un período de recesión algunos sectores?

5. Comprensión detallada.

● ¿Qué instrumentos se emplearon para llevar a cabo la política industrial de 1939 a 1959?

● ¿Qué papel juega el INI en la economía?

● ¿Por qué decimos que en España se vivió un período de euforia económica en los años 60?

6. Exprésese libremente.

● Describa la evolución del desarrollo industrial en su país desde la segunda guerra mundial.

● Informe a su compañero. ¿De qué modo interviene el Estado en el sector industrial en su país? ¿Existe alguna institución parecida al INI?

● Ilustre con ejemplos la reconversión industrial en su país o región.

● ¿Qué síntomas de actitudes "desarrollistas" se manifestaron en los años 60 en el mundo?

7. Afiance el vocabulario.

● Escriba una oración con cada uno de los vocablos o frases que se le dan.

Dirigismo económico.

Iniciativa privada.

Bancarrota.

Período de recesión.

Reconversión.

VII. Amplíe

1. Lea y conteste a las preguntas.

- ¿Qué consecuencias tiene la reconversión para el trabajador?

- ¿Qué consecuencias tiene la reconversión para la industria?

- ¿Qué pasará con los excedentes si no se ponen en práctica nuevos proyectos industriales?

- ¿Cómo evitar que las zonas afectadas por la reconversión no se conviertan en "bolsas de paro y pobreza"?

RECONVERSIÓN INDUSTRIAL: EL FINAL DE UN DOLOROSO PROCESO

En 1984, el proceso más doloroso de la reconversión se dio, prácticamente, por finalizado. Pendiente aún el sector de fertilizantes, el ajuste laboral de las empresas afectadas quedó terminado oficialmente el 31 de diciembre. De los 72.000 trabajadores excedentes de la reconversión, 55.000 habían salido ya de sus empresas y el resto tenía pactado su futuro.

A lo largo de 1984 la reconversión se ha ido imponiendo en los sectores afectados. No obstante, de todo el proceso, hasta ahora sólo puede decirse que se ha realizado la parte laboral. La reindustrialización aún no ha comenzado. Salvo las pequeñas experiencias en Sagunto —donde, curiosamente, no ha sido necesaria la Zona de Urgente Reindustrialización—, en el resto de las comarcas afectadas apenas si se ha iniciado el más mínimo proceso reindustrializador, y tampoco existen proyectos que garanticen la recolocación de los excedentes. El año 1985 tendrá que ser el de la imaginación, de poner en marcha los medios para lograr que las comarcas afectadas no terminen siendo "bolsas de paro y de pobreza."

Rodolfo Serrano

Anuario *El País*, 1985 (324-325)

5 | LA INDUSTRIA

I. Preparación

EJERCICIOS

1. Mire la imagen y asocie imagen con vocablo. Escriba en la casilla el número que convenga.

☐ Mesa de trabajo.

☐ Máquina de escribir.

☐ Archivador.

☐ Listín telefónico.

☐ Carpeta.

☐ Teléfono.

☐ Agenda.

☐ Ordenador.

☐ Fichero.

☐ Fotocopiadora.

☐ Mesa auxiliar.

2. Embalaje, envasado, empaquetado.

● Complete con el nombre del envase y el producto de que se hace.

1. El perfume se envasa en _____
   de _____
2. La leche se envasa en _____
   de _____
3. Las máquinas se embalan en _____
   de _____
4. La fruta se transporta en _____
   de _____
5. El algodón se vende en _____
   de _____

54

II. Audición

A. Don Manuel Gago, presidente de EMCARSA (Empresa de Carto-
najes, Sociedad Anónima), da instrucciones a la señorita Merce-
des, administrativa (secretaria de dirección). Don Manuel Gago
llama a su secretaria por el teléfono.

B. En el último punto del orden del día, ruegos y preguntas, uno
de los consejeros, el señor Ruiz interviene, originándose una pe-
queña discusión. Don Manuel Gago y el señor Valbuena, conse-
jero delegado, intervienen, así como el señor Almodóvar, téc-
nico.

1. De las once obligaciones que se le dan en la lista, siete deben
ser cumplidas por la secretaria. Numérelas en el orden en que
las oiga.

COMPRENSIÓN
AUDITIVA

- ☐ Buscar direcciones.
- ☐ Pasar la convocatoria a firma.
- ☐ Elaborar un informe económico.
- ☐ Tomar nota.
- ☐ Llamar por teléfono.
- ☐ Convocar a los miembros del Consejo de Administración.
- ☐ Confeccionar el orden del día.
- ☐ Pasar al despacho del presidente.
- ☐ Firmar la convocatoria.
- ☐ Buscar un informe económico.
- ☐ Ordenar el archivador.

2. Escriba la respuesta adecuada.

- ● ¿Cuándo se celebrará la reunión del Consejo de Administración?

- ● ¿Dónde se celebrará?

3. ¿Qué desea saber el señor Ruiz, consejero de la empresa? Mar-
que la respuesta correcta.

- ☐ Por qué ha disminuido la demanda de embalaje de madera.
- ☐ Por qué se han dejado de fabricar cajas de madera.
- ☐ Por qué las frutas y verduras necesitan embalajes de madera.
- ☐ Por qué ha aumentado la fabricación.

4. **Enumere las causas que han contribuido a un cambio en la línea de producción de embalajes.**

 1. _____
 2. _____

5. **¿Qué ventajas ofrecen los embalajes de plástico frente a los de madera?**

 1. _____
 2. _____

6. **Complete el siguiente párrafo para el acta de la sesión.**

 El señor Ruiz expresa el deseo de que _____ su queja de que no se _____ el nuevo giro tomado en la fabricación de _____

7. **Reconozca las palabras o frases que significan...**

 1. Citar para que acudan a una reunión _____
 2. Aparentemente todavía tiene venta _____
 3. Los precios de producción se han elevado muchísimo y rápidamente _____
 4. Venta más fácil _____
 5. Que quede prueba _____

III. Hable con su compañero

CONVERSACIÓN

1. **Grupos de cuatro alumnos representan la segunda parte del diálogo escuchado.**

 ● Dos compañeros leen y dos contestan sin leer.
 ● Ahora cambian los papeles.

IV. Practique la escritura

ESCRIBA

1. **Escriba un diálogo, tomando como modelo el escuchado, con las frases que se le da a continuación.**

 ● Producto: *perfumes.*
 ● Petición de información: *nuevos aromas introducidos.*

● Información proporcionada: *mano de obra cara, extractos clásicos caros, encuesta opinión en favor de las nuevas líneas, envase más sencillo, más barato.*

2. Convocatoria a una Junta.

Manuel Gago
Director General
EMCARSA

Tengo el gusto de convocarle a la próxima Junta del Consejo de Administración de EMCARSA, que tendrá lugar el día 25 del presente, en la sede de esta empresa, calle de la Fortuna, n.° 31, a las 10 h. en primera convocatoria y a las 10,30 h. en segunda, con el siguiente orden del día:

1. Lectura y aprobación, en su caso, del acta de la reunión anterior.
2. Análisis de producción y venta de los últimos tres meses.
3. Situación financiera.
4. Perspectivas para los próximos seis meses y planificación de la política de la empresa.
5. Ruegos y preguntas.

Madrid, 12 de junio de 1983

Firmado: Manuel Gago
Director General

3. ¿Qué puntos se tratarán en esa reunión?

Use los verbos *leer, aprobar, analizar, estudiar, discutir, pasar a.*

En primer lugar se ▭▭▭▭▭ a continuación ▭▭▭▭▭ después ▭▭▭▭▭, acto seguido ▭▭▭▭▭ y finalmente ▭▭▭▭▭

ASAMBLEA GENERAL ORDINARIA

Madrid, Febrero 1989

En conformidad con lo acordado por los socios durante la Asamblea General de 1988, la Asamblea General Ordinaria se reunirá en Madrid a las 17,30 horas del Martes 7 de Febrero de 1989 con arreglo al siguiente orden del día:

ORDEN DEL DIA

1. Aprobación del orden del día.
2. Aprobación del Acta de la Asamblea anterior.
3. Informe del Presidente.
4. Informe de la gestión de la Junta Directiva.
5. Elecciones para el cargo de Tesorero.
6. Ruegos y preguntas.

EL SECRETARIO.

4. Escriba el orden del día para una Junta General de una empresa exportadora de productos de cuero que atraviesa una crisis económica y tiene necesidad de despedir a un número de obreros y cambiar su política de exportación.

HAY QUE	
CONVIENE (QUE)	
Funciones	*Ejemplos*
Obligación, necesidad.	*Hay que* producir más barato. *Hay que* enviar esas cartas.
Conveniencia, sugerencia.	*Conviene* repasar esas cuentas. *No conviene* vender todas las existencias.

SUBJUNTIVO	
Funciones	*Ejemplos*
Expresar deseo, conveniencia, probabilidad.	*Quisiera* hacerle una pregunta. *Debiera* revisar esas cuentas. *Pudiera* darse el caso.
Esperanza.	Espera que le *nombremos* delegado. Confío en que me *concedan* ese crédito.

PRETÉRITO PERFECTO DE INDICATIVO	
Funciones	*Ejemplos*
Información objetiva.	*Hemos dejado de* fabricar ese modelo. La materia prima *se ha encarecido*. Nuestra advertencia no *ha sido tenida en cuenta*.

PARECE QUE ⎫	
CREO QUE ⎬ + INDICATIVO	
Funciones	*Ejemplos*
Apreciación objetiva.	*Parece que* tenemos un orden del día muy apretado. *Creo que* va a subir el precio del petróleo.

1. Coloque el verbo entre paréntesis en la forma correcta del presente.

- (Haber) _____ que enviar esos catálogos.

- (Tener nosotros) _____ que asistir a la feria.

- (Ser) _____ necesario repasar todas las facturas.

- (Haber) _____ que cambiar las etiquetas.

- (Tener usted) _____ que avisarme por teléfono.

- (Convenir) _____ usar un envase más vistoso.

- (Ser) _____ aconsejable no subir los precios.

2. Coloque el verbo entre paréntesis en *indicativo* o *subjuntivo*, según corresponda.

- Él cree que (tener) _____ suficientes existencias.

- Parece que toda la mercancía (estar) _____ en buen estado.

- Espero que (usted comprender) _____ nuestra situación.

- Confía en nosotros, (llamarle) _____ antes de final de mes.

- No creo que (ellos tener) _____ representante en esta zona.

- Esperamos que (ustedes saber) _____ disculparnos.

3. Dé información objetiva.

- Use los datos del cuadro que se le da.

   Ejemplo: *Las acciones de Uniasa **han subido** cuatro enteros y **han cotizado** 122 días en las sesiones de bolsa.*

1. _____

2. _____

3. _____

4. _____

5. _____

Nom.	Valor	Ant.	Ayer	Días
ALIMENTACIÓN/TABACO		**118,23**	**(−0,58)**	
1.000	Koipe	230		113
500	Uniasa	231	235	122
500	Azucarera	200	207	171
500	Ebro	715	712	153
500	El Águila	185	184	155
1.000	Savin	290		91
500	Tabacalera	259	255	180
500	U. Cervecera	$136^2/_4$		63

MERCADO DE DIVISAS		
	Comp.	Vend.
1 dólar EE.UU.	161,145	161,540
1 franco francés	20,008	20,058
1 libra esterlina	228,117	228,688
1 franco suizo	74,315	74,501
100 francos belgas	301,130	301,802
1 marco alemán	61,028	61,181
100 liras italianas	9,051	9,073
1 corona sueca	20,265	20,315
1 corona danesa	16,816	16,858
100 escudos port.	9,166	9,415
100 yenes japoneses	75,179	75,367

● Use los datos de la tabla con los precios de monedas extranjeras.

Ejemplo: *Hoy el dólar se ha comprado a 161,145 pesetas y se ha vendido a 161,540 pesetas.*

1. _____

2. _____

3. _____

4. _____

5. _____

4. Use *deber, querer* o *poder,* en *imperfecto de subjuntivo,* según lo exija el significado de la frase.

● El cielo se está nublando, _____ llover.

● Ha perdido la cartera; _____ que me prestara algún dinero.

● Tengo un problema; _____ pedirle un consejo.

● Es muy tarde; _____ marcharme ya.

VI. Lectura

EJERCICIOS

1. Estudie el mapa de la página siguiente y conteste.

● ¿Dónde se localizan los principales centros fabriles de los diferentes sectores industriales?

Ejemplo: *Existen refinerías de petróleo en las zonas costeras, excepto la de Puertollano en el interior.*

_____

_____

_____

_____

_____

_____

MAPA DE LOCALIZACIÓN DE LOS PRINCIPALES ESTABLECIMIENTOS FABRILES

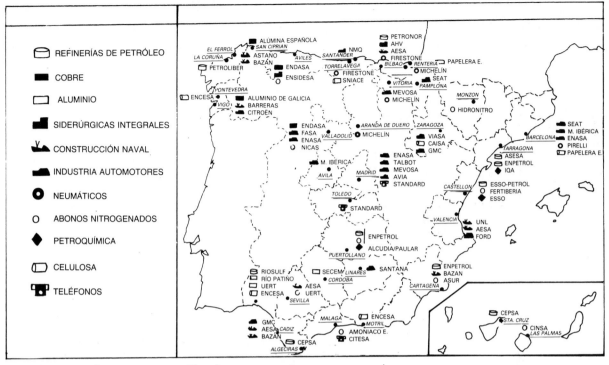

2. Observe el mapa y escriba las respuestas.

- ¿Qué grandes sectores industriales aportan aproximadamente el 50 por 100 en la formación de la renta industrial española?

- ¿Cuáles son los cinco sectores que aportan menos?

- ¿En qué situación se encuentra el sector del calzado, cuero y confección?

1. Con respecto al material de transporte.

2. Con respecto a las industrias textiles.

ESTRUCTURA DE LA PRODUCCIÓN INDUSTRIAL

Fuente: Ministerio de Industria

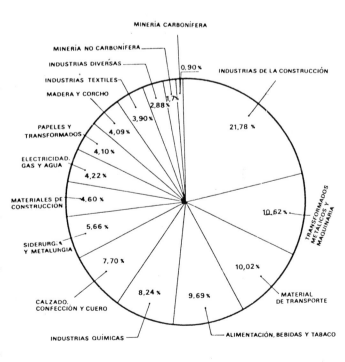

3. Lea.

LA INDUSTRIA

La producción industrial representa más de un tercio del Producto Interior Bruto al coste de los factores (PIB cf), magnitud considerable, aunque con cierta tendencia a la baja, debido al fuerte incremento del peso relativo de los servicios. Al referirnos al sector industrial incluimos la minería y la construcción, subsectores éstos de características propias.

En España el 25 por 100 del total de energía consumida —medida en toneladas equivalentes de consumo (TEC)—procede del carbón, y la minería española aporta más del 70 por 100 de este producto, a pesar de que su calidad es baja y su coste relativamente alto.

Se distinguen tres zonas carboníferas: en el norte la zona astur-leonesa, productora de hulla y antracita; en el sur, el área de Ciudad Real, de donde se extrae predominantemente hulla; y, por último, las zonas productoras de lignito de Teruel y Cataluña. La producción petrolífera es muy escasa, aunque hay yacimientos en explotación en la plataforma continental de las costas de Tarragona y en la provincia de Castellón. Dentro de las industrias extractivas hay que mencionar la minería de hierro, cuyos principales yacimientos se encuentran en Vizcaya y Santander; la del plomo, de los distritos mineros de Linares-La Carolina y Cartagena-Mazarrón; la del cobre, que se extrae del gigantesco depósito de piritas ferrocobrizas de Huelva; y, finalmente, la de mercurio, en Almadén.

En cuanto a la industria fabril, hay que señalar su fuerte concentración en los tres centros neurálgicos de la economía española: Madrid, Cataluña y el País Vasco, áreas donde están ubicadas el 75 por 100 de las grandes empresas industriales del país. Cataluña y el País Vasco, son las zonas donde se establecieron las industrias clásicas de la revolución industrial —textiles y siderúrgicas—. En la actualidad la producción textil se sigue concentrando en Cataluña y más concretamente en la provincia de Barcelona, pero la producción industrial catalana se ha diversificado y en Barcelona se ubican las plantas de fabricación de automóviles SEAT y de Motor Ibérica, así como la de autocamiones Pegaso de ENASA. En otra provincia catalana, en Tarragona, se encuentra uno de los centros fabriles de productos químicos más importantes del país.

El País Vasco, siguiendo su tradición, está especializado en industrias metalúrgicas y mecánicas: en Baracaldo se encuentra la factoría de Altos Hornos de Vizcaya; y tanto en Vizcaya como en Guipúzcoa existen varias plantas de aceros especiales. Fuera del País Vasco, existe otro centro siderometalúrgico en Avilés.

En Madrid la industrialización es más reciente; nació al calor de un gran mercado urbano, de una red de comunicaciones radial y del impulso oficial prestado a partir de los años 40. La industria madrileña es muy diversa y recorre un camino que va desde la fabricación de automóviles —en las factorías PSA de Villaverde y en la de ENASA en Barajas— a la industria alimentaria, pasando por la fabricación de electrodomésticos y de material electrónico. En la Comunidad de Madrid están domiciliadas casi la mitad de las cien primeras empresas industriales del país, aunque hay que tener en cuenta que algunas tienen plantas en otras regiones. No obstante, se puede decir que Madrid es hoy el primer centro industrial de España.

Fuera de estos tres focos hay que hacer especial mención al País Valenciano, donde se asientan pequeñas y medianas industrias (PYM), como alfarería, y de materiales de construcción y, especialmente, la ya tradicional fabricación de calzado, sector éste de gran importancia por su capacidad exportadora. También en el País Valenciano, en Almusafes, está situada la factoría automovilística Ford, la cual, junto con las ya citadas y las plantas de PSA en Vigo, FASA en Valladolid y General Motors en Zaragoza, completa el panorama de la industria automotriz española.

Fuera de estas zonas, la producción industrial es relativamente escasa, no llegando a alcanzar en cada región el 50 por 100 del valor añadido total, aunque hay que mencionar algunos focos de importancia en varias capitales de provincia.

4. Comprensión general.

● La minería del carbón es muy importante (SI/NO).
Razone su respuesta.

_____
_____

● En el texto se mencionan las circunstancias que contribuyeron
a la industrialización en las tres grandes áreas fabriles. Complete con la información adecuada.

1. En Cataluña _____
2. En el País Vasco _____
3. En la Comunidad de Madrid _____

_____

● ¿Qué ocurre con otras zonas de España?

_____
_____

5. Comprensión detallada.

● Rellene el siguiente cuadro con la información dada en el texto
sobre yacimientos mineros. Marque X las correspondencias. Vea
el ejemplo.

ZONAS	CARBÓN			OTROS MINERALES				
	Hulla	Antracita	Lignito	Petróleo	Hierro	Plomo	Cobre	Mercurio
Almadén								
Asturias								
Ciudad Real	X							
Huelva								
Linares-La Carolina								
Tarragona								
Teruel			X					
Vizcaya								

● Complete las listas siguientes con los productos que se fabrican
en cada zona.

CATALUÑA   PAÍS VASCO   MADRID

_____   _____   _____
_____   _____   _____
_____   _____   _____
_____   _____   _____
_____   _____   _____

● ¿Dónde existen plantas de industria automovilística?

_____

_____

6. Exprésese libremente.

● Diga a su compañero qué tipo de industria fabril tiene mayor importancia en su país y anótenlo.

SU PAÍS	EL PAÍS DE SU COMPAÑERO

● ¿En qué áreas geográficas se concentran las plantas industriales?

_____

_____

● Compare las informaciones anteriores con las del resto de la clase.

VII. Amplíe

1. Lea el resumen de Junta General.

INMOBILIARIA BILBACENTRO, S.A.

Resumen Junta General Ordinaria de Accionistas de Inmobiliaria BILBACENTRO, S.A., el día 14 de julio.

En Bilbao, el día 14 de julio y en segunda convocatoria, se celebró la Junta General Ordinaria de Accionistas de la Sociedad Inmobiliaria BILBACENTRO, S.A.

La representación del Capital Social entre accionistas presentes y representantes superó el 89 por 100.

El Consejero Delegado expuso en su intervención los aspectos más significativos de la actividad social durante este ejercicio.

A continuación el presidente realizó la ampliación a la Memoria del ejercicio con un detallado análisis de los resultados más positivos de la actividad social.

BILBACENTRO, S.A., alcanzó en este ejercicio beneficios notables; acudió a la ampliación de capital en dos ocasiones, y tuvo una buena acogida por los accionistas; el índice medio del valor de BILBACENTRO, S.A., subió por encima del índice medio de valores de la Bolsa; el dividendo será superior por acción al del año anterior, y se abonará a partir del 30 de junio.

CONCLUSIONES:

A continuación se leyó la propuesta de acuerdos, que fue aprobada por la Junta General.

● Los vocablos siguientes son sinónimos de los subrayados en el texto anterior. Emparéjelos con aquéllos.

1. Participantes en la propiedad. _____
2. Actuación. _____
3. Reunión. _____
4. Relación de la actividad de una sociedad. _____
5. Beneficio. _____
6. Emisión de nuevas acciones. _____
7. Asistentes. _____
8. Constructora y promotora de construcción. _____
9. Período. _____
10. Precio de mercado de una acción. _____
11. Pagará. _____

● Conteste las preguntas sobre el texto anterior.

1. ¿Quién acudió a la Junta General?

_____

2. ¿Qué finalidad tiene la celebración de la Junta General?

_____

● Escriba las líneas adecuadas para las CONCLUSIONES de la Junta General de Inmobiliaria BILBACENTRO, S.A. (use el espacio del documento proporcionado arriba).

2. Lea el texto y conteste.

¿UNA SOCIEDAD POSTINDUSTRIAL?

A menudo se oye hablar de la desindustrialización de los países avanzados: el caso de Gran Bretaña es un buen ejemplo. ¿Se va a desindustrializar España?

No, porque... ya no es una sociedad industrial. Desde 1975, más del 50 por 100 del Producto Interior Bruto proviene en nuestro país del sector terciario —servicios—; en 1984, esa cifra era ya del 59 por 100, correspondiendo a la industria un 28 por 100 y un 7 por 100 a la construcción; el resto —6 por 100— lo ocupaba la agricultura.

España ha experimentado, pues, un cambio estructural importante en los últimos años. El trabajador español medio no es de «cuello azul» (industrial), sino de «cuello blanco» (servicios). Y en el futuro nada hace pensar que esta tendencia a la terciarización de la economía se vaya a invertir.

Punset, Eduardo. "El futuro de la economía española", en *Enciclopedia de la economía española*, 1.er tomo, pág. 233. Barcelona, 1985.

● ¿Cuándo decimos que un país es industrial?

● ¿Cuándo hablamos de un país de servicios?

● El "cambio industrial" del que habla el texto supone que la mano de obra

● La producción

● Los centros de trabajo

I. Preparación

1. Estudie las imágenes.

 EJERCICIOS

A

B

- ¿A qué velocidad viajan los pasajeros de la foto A? _____
  ¿En la foto B? _____
  ¿En la foto C? _____

- Viajar en coche o en avión.

  1. ¿Qué es más barato? _____

  2. ¿Qué es más rápido? _____
  3. ¿Qué es más cómodo? _____

- ¿Qué medio de transporte prefiere? Explique. _____
  _____
  _____

- ¿Cree usted que el cohete es el último y definitivo invento del transporte?
  _____
  _____

C

II. Audición

Se oye una voz por los altavoces que dice: "La salida del vuelo CX480 de Iberia con destino a Damasco ha sufrido un retraso". Tres pasajeros que esperan entablan una conversación.

COMPRENSIÓN
AUDITIVA

1. Marque ☒ las zonas por las que se queja uno de los personajes.

☐ Porque todavía no ha pasado la aduana.
☐ Porque el avión ha sufrido más de media hora de retraso.
☐ Porque vive muy lejos del aeropuerto.
☐ Porque le lleva mucho tiempo llegar al aeropuerto.
☐ Porque pasar la aduana le costó mucho tiempo.
☐ Porque él ha llegado con retraso.

2. Mire los dibujos y responda a las preguntas sobre los mismos.

● a) ¿Quién ve así el futuro: el optimista, el pesimista, el neutral?

● b) Complete la información oída, ¿cómo será el transporte del futuro?

a) ¿Quién...? _____

b) ¿Cómo será? _____
_____
_____
_____
_____
_____

a) ¿Quién? _____

b) ¿Cómo será? _____
_____
_____
_____
_____

a) ¿Quién? _____

b) ¿Cómo será? _____
_____
_____
_____
_____

3. ¿Qué haría uno de los interlocutores si viviera en el futuro? Marque ☒ la respuesta correcta (sólo dos son correctas).

☐ Contemplaría nuestro planeta desde lejanos espacios.
☐ Viajaría en avión.
☐ Visitaría el fondo del mar.
☐ Iría a lugares desconocidos.
☐ Haría viajes interplanetarios.

III. Hable con su compañero

1. Usando los datos siguientes, calculen, usted y su compañero, lo que deberá hacer el señor Rúa y el tiempo que cada acción le llevará.

CONVERSACIÓN

— Domicilio: La Coruña.
— Aeropuerto: Santiago de Compostela.
— Facturación: dos horas antes de la salida.
— Embarque: media hora antes de la salida.
— Salida del vuelo: 16 horas.
— Llegada al aeropuerto de Roma: 19 horas.
— Traslado en autobús a la ciudad: 30 minutos.

2. Cuente a un grupo de compañeros las peripecias pasadas en un viaje suyo. Recuerde que ahora deberá usar tiempos de pasado (indefinido, imperfecto).

IV. Practique la escritura

1. Estudie los viajes siguientes a Córdoba desde Madrid.

ESCRIBA

A.

SALIDAS: SÁBADOS (del 5 de abril al 21 marzo)
ITINERARIO:
Día 1.º MADRID - BAILÉN - CÓRDOBA
   Salida de nuestra TERMINAL, Plaza de Oriente, 8, a las 8,00 horas, hacia Aranjuez, Valdepeñas, Paso de Despeñaperros y Bailén. Almuerzo y continuación a Córdoba, en donde se realizará una visita a la ciudad. Cena y alojamiento. Visita nocturna.

Día 2.º CÓRDOBA
   Desayuno, almuerzo y alojamiento. Por la mañana se realizará la visita de la ciudad. Tarde libre. Salida hacia Madrid a las 7 horas, para llegar a la capital por la noche de nuevo a la TERMINAL.

B. Los viernes, sábados y domingos hay dos vuelos de Madrid a Córdoba, uno a las 8,30 y otro a las 13,45. El vuelo tarda una hora. Los vuelos de Córdoba a Madrid son los mismos días a las 10,00 y 15,00 horas.

● Describa lo que ocurriría según los dos supuestos (A y B).

Si viajara en autobús

● Escriba sobre probables ventajas y desventajas de hacer un viaje u otro.

Quizá/puede que/es probable que

V. Gramática

FUTURO	
Funciones	*Ejemplos*
Predicciones.	Los transportes nos *llevarán* de un continente a otro. *Tendremos* taxis aéreos. *Circularán* trenes elevados. *Viajaremos* en cohetes.

SUBJUNTIVO	
Funciones	*Ejemplos*
Probabilidad.	Quizá *veamos* resurgir el ferrocarril. Puede que *lleguemos* a la hora. Es probable que la niebla nos *impida* despegar.

SUBJUNTIVO Y CONDICIONAL	
Funciones	*Ejemplos*
Condiciones.	Si yo *viviera* en el futuro me encantaría viajar en cohete. Si *viajara* en cohete visitaría nuevos planetas. Si *viajara* en nave espacial miraría a la tierra desde la estratosfera.

MÁS/TAN	
Funciones	*Ejemplos*
Comparación.	Es *más* rápido viajar en tren *que* en avión. Los corredores aéreos estarán *tan* embotellados *como* las autopistas. *Cada vez* será *más* rápido volar. *Cada día* hay más ordenadores en las empresas. Cada *año* crece *más* el parque automovilístico.

1. Complete cada frase con la forma verbal adecuada.

APLIQUE LAS REGLAS

- Los ordenadores son ahora caros, en el futuro ————— baratos.

- Hoy estoy desganado, mañana ————— en forma.

- Nosotros podemos viajar a cualquier punto del globo; nuestros descendientes ————— a la luna.

- No ha subido el café este mes, pero ————— el mes próximo.

- Esta carretera está muy deteriorada, el Ministerio de Transportes ————— que repararla.

2. Coloque el verbo entre paréntesis en la forma correcta.

- Si yo tuviera dinero, (dar) ————— la vuelta al mundo.

- Si el avión no (ser) ————— tan caro, él vendría a verme más a menudo.

- Si te (gustar) ————— conducir, podrías ver muchos rincones interesantes.

- Si esta carretera estuviera en mejor estado, (venir) ————— muchos turistas.

- Si pusieran mejores autobuses (subir) ————— el precio del viaje.

3. Coloque el verbo entre paréntesis en la forma correcta.

- Quizá (tener nosotros) ————— que cambiar de tren.

- Puede que el avión no (aterrizar) _____ por falta de visibilidad.
- Es probable que Citroën (sacar) _____ un nuevo modelo de coche este año.

- Quizá (mandar) _____ los americanos un cohete tripulado al planeta Marte.

- Puede que el coche del futuro no (moverse) _____ a gasolina.

4. Coloque la palabra que falta.

- _____ ves que me gusta más viajar en barco.

- Viajar en tren es casi _____ caro como viajar en avión.

- Cada _____ se lanzan más satélites al espacio.

- El metro es un medio de transporte más seguro _____ el autobús.

- Para viajes largos, el autobús es tan aburrido _____ el tren.

- _____ el día se ven más turistas.

VI. Lectura

EJERCICIOS

1. Estudie el horario de aviones y conteste.

Horario de salidas				
Compañía/número de vuelo	Destino	Embarque	Salida	Puerta
IB 748	Nueva York	8,40	9,20	1
SWISSAIR 841	Zurich	15,30	15,50	4
TWA 538	Miami	9,15	9,45	2
ALITALIA 321	Roma	10,25	10,55	7
AVIACO 273	Frankfurt	22,15	22,35	5
BA 749	Londres	12,30	12,55	3
SAS 862	Estocolmo	15,20	15,40	6
LUFTHANSA 532	Munich	16,40	17,05	5
AIR FRANCE 745	París	16,35	16,50	6

- ¿Con qué ciudad europea tiene más servicios Madrid? _____
  _____

- ¿A qué horas hay más aviones? _____

2. Mire el dibujo y conteste.

- ¿Cuál es la función del revisor?
  _____

- ¿Qué deben hacer los viajeros?
  _____

- ¿Dónde se encuentran?
  _____

3. Lea.

LOS TRANSPORTES

La actividad de una economía moderna se encuentra íntimamente ligada al desarrollo de los transportes, ya sean terrestres, marítimos o aéreos.

Los ferrocarriles son la expresión del triunfo y del auge del capitalismo tras la revolución industrial. Los primeros ferrocarriles españoles se construyeron en las colonias, concretamente en Cuba y, poco más tarde, en 1848, en la metrópoli, se puso en funcionamiento la primera línea en el tramo Barcelona-Mataró, a la que siguió la línea Madrid-Aranjuez, en 1851. En 1855 se dictó la primera ley ferroviaria que garantizaba un interés mínimo a los capitales invertidos en compañías ferroviarias, lo que atrajo importantes capitales extranjeros. Nacieron así las grandes compañías vinculadas a las altas finanzas europeas del momento: los Rotschild, los hermanos Péreire, el financiero y político español marqués de Salamanca, etc. Tras la revolución de septiembre de 1868, el ferrocarril español sufrió un fuerte bache, del que se recuperó en el año 1877. A partir de entonces mantuvo un desarrollo constante, llegando a existir en 1901 más de 12.000 kilómetros de vía férrea. La red ferroviaria estaba ya prácticamente completada con su peculiar característica: el ancho de sus vías es algo mayor que en los ferrocarriles europeos, particularidad que origina los consiguientes acoplamientos de los ejes en los cruces de fronteras y despierta el asombro e incluso la desconfianza de más de un viajero extranjero ante los ruidos e movimientos que provoca dicha operación. En 1941 todos los ferrocarriles se integraron en la Red Nacional de Ferrocarriles Españoles (RENFE), la primera empresa pública española creada para salvar a este medio de transporte de sus penurias financieras, agravadas por el deterioro causado por la Guerra Civil. Desde entonces la red se ha ampliado en algunos cientos de kilómetros y hasta tiempos muy recientes no ha recibido la atención que este medio se merece. Hoy en día la crisis de la energía y los problemas ecológicos hacen volver la vista hacia el ferrocarril, aunque se han cerrado algunas líneas no rentables. En la actualidad transporta menos del 8 por 100 del tráfico interior de mercancías y un porcentaje similar de viajeros.

El transporte por caminos y carreteras, que había perdido su hegemonía con la llegada del ferrocarril, recobró su protagonismo con los vehículos de motor

de explosión. Las carreteras españolas, al igual que el ferrocarril, tienen una estructura básica radial: de la castiza Puerta del Sol de Madrid parten los seis ejes más importantes por los que circula la mayoría del tráfico. A partir de ellos se desarrolla el resto de las carreteras nacionales, a las que se suma la red de carreteras provinciales y comarcales. La estructura vial, a pesar de los casi 150.000 kilómetros de red existente, sigue siendo insuficiente, pues por ella discurren más del 65 por 100 de las mercancías y más del 90 por 100 de los viajeros.

En España, país con un buen número de kilómetros de costa, el transporte marítimo tiene una enorme importancia para el comercio exterior, pues por nuestros puertos salen más del 90 por 100 de las exportaciones. Por el Mediterráneo se exportan fundamentalmente productos alimenticios —frutas y verduras— y manufacturas de elevado valor, mientras que por el Atlántico —principalmente por el Cantábrico— entran materias primas y combustibles, destinados a nutrir fundamentalmente la industria localizada en esas costas.

De capital importancia en el transporte de viajeros es la aviación comercial, el medio de transporte más moderno y de más rápido desarrollo. El 25 por 100 de nuestros visitantes llega por vía aérea. Sólo el 2,5 por 100 de los viajeros interiores utiliza el avión. Son escasas las mercancías que se transportan por este medio. Los aeropuertos más importantes se encuentran en las dos grandes ciudades y en los puntos de mayor atracción turística.

4. Comprensión general.

● Diga cómo se desarrolló el ferrocarril en España.

1. Antes de 1868.

2. Entre 1868 y 1877.

3. Entre 1877 y 1941.

4. Con posterioridad a 1941.

- ¿Qué posición ocupa la Puerta del Sol de Madrid dentro del sistema de carreteras españolas? _____

- ¿Por qué es importante el transporte marítimo en España? _____

- Diga con datos concretos qué importancia tiene la aviación civil en el sistema de transportes español. _____

5. Comprensión detallada.

- Busque en el texto palabras de la misma raíz que las siguientes:

aire-aéreo	caminar- _____
mar- _____	mercado- _____
tierra- _____	viajar- _____
carro- _____	puerta- _____

- Explique qué significa la siguiente frase:

  Acoplamiento de los ejes en los cruces de fronteras.

  _____

- ¿Qué mercancías se exportan o importan principalmente?

  1. Por el Mediterráneo. _____

  2. Por el Atlántico. _____

- Complete.

  1. La RENFE fue creada para _____

  2. Y en tiempos recientes _____

6. Exprésese libremente.

- ¿Podría dibujar un esquema de las principales vías terrestres de comunicación de su país y explicarlo a su compañero?

- Explique a su compañero qué ventajas e inconvenientes tienen los siguientes medios de transporte de su país:

  1. Tren.
  2. Automóvil.
  3. Avión.

VII. Amplíe

1. Observe el mapa y explique.

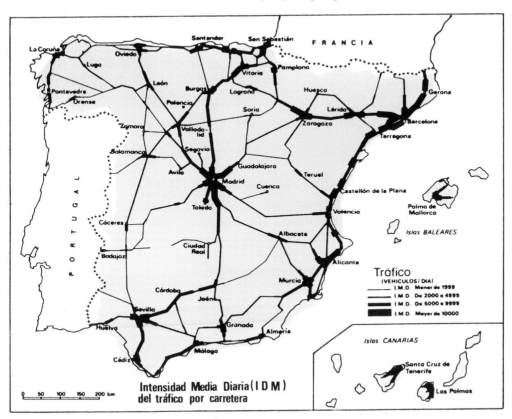

Intensidad Media Diaria (I D M)
del tráfico por carretera

- ¿Por qué hablamos de estructura radial de carreteras?

- ¿Cómo se comunican las poblaciones de la periferia?

- ¿Qué indican los trazos anchos y dónde se localizan?

2. Lea el gráfico y diga.

DISTRIBUCIÓN DEL TRÁFICO INTERIOR DE VIAJEROS según modos de transporte interurbano (1975-1983)

MODOS DE TRANSPORTE (1)	1975		1980		1981		1982		1983 (2)	
	Millones viajeros/Km.	%	Millones viajeros/Km.	%	Millones viajeros/Km.	%	Millones viajeros/Km.	%	Millones viajeros/Km.	%
Carretera	158.585	88,03	198.217	90,59	200.732	90,56	206.487	90,60	206.891	90,53
Ferrocarril	17.643	9,79	14.826	6,77	15.511	6,99	15.923	6,98	16.237	7,11
Aéreo	3.928	2,18	5.762	2,64	5.444	2,45	5.498	2,42	5.398	2,36
Total	180.156	100,00	218.805	100,00	221.687	100,00	227.908	100,00	228.526	100,00

1. *No se dispone de datos en viajeros/Km. para el transporte marítimo.* 2. *Provisional.*
Fuente: *Instituto de Estudios de Transportes y Comunicaciones.*

- ¿A qué se refiere la palabra "interior" en el encabezamiento?

- ¿Qué medio de transporte es más utilizado? Use los valores relativos.

- La llamada (2) ¿qué nos indica?

- Compare el tráfico interior de viajeros en los tres medios.

3. Cuando se viaja en RENFE conviene informarse bien antes de sacar el billete.

Lea y decida sobre los tres tipos de billetes: 1, 2 y 3.

- ¿Qué tipo de billete interesa a una familia con hijos pequeños para ir de vacaciones? ¿Por qué?

- Ramón viaja de Barcelona a Tarragona todos los fines de semana. ¿Qué billete elegiría? Explique por qué.

- Carlos vive en El Escorial (a 50 kilómetros de Madrid) y trabaja en Madrid. ¿Qué billete elegiría? ¿Por qué?

4. Observe el calendario, piense y decida.

- Don Clemente, retirado y con una pensión baja, planifica su vacación para el año próximo. ¿Qué mes elegiría? ¿Por qué?

---

1. DESCUENTOS APLICABLES EN CUALQUIER FECHA

BILLETES PARA NIÑOS DE 4 A 12 AÑOS

Aplicables a:
— En cualquier tipo de trenes y clases. Por cualquier recorrido.

Aclaraciones:
— Los niños menores de 4 alos no abonarán nada por su viaje, pero no tendrán derecho a ocupar plaza.

2. DESCUENTOS EN TRENES DE CERCANÍAS

TARJETAS DE ABONO

Características:
— Validez mensual, para un viaje de ida y vuelta diario, incluso en domingos y festivos, en 2.ª clase.

3. BILLETES INDIVIDUALES DE IDA Y VUELTA

Aplicables a:
— Cualquier día del año, excepto domingos y festivos.

Requisitos:
— La ida y regreso se efectuarán, necesariamente, en una misma fecha.

HAY MUCHOS DÍAS AZULES* PARA VIAJAR POR MENOS DINERO

AGOSTO							FEBRERO							JULIO						
L	M	M	J	V	S	D	L	M	M	J	V	S	D	L	M	M	J	V	S	D
			1	2	3	4						1	2	1	2	3	4	5	6	7
5	6	7	8	9	10	11	3	4	5	6	7	8	9	8	9	10	11	12	13	14
12	13	14	15	16	17	18	10	11	12	13	14	15	16	15	16	17	18	19	20	21
19	20	21	22	23	24	25	17	18	19	20	21	22	23	22	23	24	25	26	27	28
26	27	28	29	30	31		24	25	26	27	28			29	30	31				

* Los días del calendario con fondo de color se denominan "días azules".

- Dora tiene veinte días de vacaciones en verano. Recomiéndele las fechas ideales para viajar. _____

5. Lea el texto.

EL TELÉFONO LLEGA AL AVIÓN

Las empresas British Telecom y British Airways han anunciado la puesta en marcha de un servicio telefónico a bordo de la compañía aérea británica. El servicio entrará en funcionamiento a primeros del próximo año.

Las llamadas serán procesadas a través de un satélite de comunicaciones que será puesto en órbita para servicio de las líneas aéreas por la Organización de Satélites Marítimos Internacionales.

Otras líneas aéreas se beneficiarán de los servicios telefónicos que se están contratando con esta organización de lanzamiento de satélites. No obstante, portavoces cualificados de las compañías advierten que el servicio será caro.

- ¿Qué acontecimiento ocurrirá a bordo del avión en el futuro? _____

- ¿Qué medios técnicos permitirán el acontecimiento? _____

- Imagine que usted va a bordo de un avión, ¿en qué casos hipotéticos usaría el teléfono?

  1. Usaría _____ si _____ .
  2. Si _____ llamaría _____ ,

- Piense en otras mejoras que quizá se introduzcan en los medios de transporte y comunicación.

  1. Quizá _____

  2. Puede que _____

  3. Es probable que _____

I. Preparación

1. Mire el dibujo y conteste.

- Explique lo que significa "todos los colores", "tallas grandes só-lo", "tallas 30-34".

- De las prendas anteriores, diga los nombres de las que se usan:

  1. En invierno.
  2. En verano.
  3. En otoño.
  4. En primavera.

- Diga las prendas más caras y el producto de que están hechas.

II. Audición

Una joven en un gran almacén pregunta a una dependienta por blusas o camisetas. Se prueba algunas prendas y adquiere una.

1. ¿Qué desea la joven? Dé alguna característica física de la misma.

2. Elija de la columna A ☒ **las diferentes prendas de vestir que le enseña la dependienta, y después emparéjelas con las características de cada prenda en la columna B.**

A   B

Ejemplo: ☒ Blusa (con bordados)   diferentes colores
                                                              ancha
              ☐ Conjunto   fresca
                                                              de fibra
              ☐ Camisas de fibra   calurosa
                                                              juvenil
              ☐ Camisetas de punto   de algodón
                                                              inarrugable
              ☐ Pantalones   "de vestir"
                                                              práctica
              ☐ Chaqueta sastre   deportiva
                                                              cara

3. ¿Qué prendas de vestir rechaza la joven? Explique por qué.

PRENDAS   POR QUÉ

1.
2.
3.

4. ¿Qué prenda de vestir adquiere?

PRENDA   CARACTERÍSTICAS

5. Hay varias formas de pago. ¿Cuál de ellas elige la joven? Marque ☒ **.**

☐ Con tarjeta (de crédito propia de almacén).
☐ Con tarjeta Visa.
☐ En efectivo.
☐ Con cheque.

III. Hable con su compañero

CONVERSACIÓN

1. **Practique el diálogo con su compañero. Usted representa el papel de la joven (no lea), y su compañero el de la dependienta (leyendo).**

   A continuación cambien los papeles.

2. **Imagine que desea comprar un par de zapatillas de tenis en una tienda. Invente un diálogo semejante al escuchado y trabaje con su compañero. Recuerde que al referirnos a los zapatos decimos *¿qué número gasta?* en lugar de *¿qué talla tiene?***

IV. Practique la escritura

ESCRIBA

1. **Conteste.**

● ¿En qué ocasiones llevamos prendas "de vestir"?

   1. Cuando
   2. Cuando
   3. Cuando

● ¿Cuándo llevamos prendas "deportivas"?

   1. Siempre que
   2. Siempre que

● Busque una frase que describa una prenda "de abrigo".

   Una prenda que

● Busque una frase para una prenda inarrugable

   Una prenda que

2. **Complete la narración de las seis primeras líneas del diálogo. Elija los verbos necesarios del cuadro que se le da. Introduzca los cambios necesarios.**

   Una joven, en un almacén, indicó a la dependienta que quería ver una blusa y entonces ésta la preguntó si tenía alguna idea. La joven

preguntar
decir
proponer
contestar
añadir
explicar
opinar/pensar
invitar
pedir
afirmar
manifestar
informar
sugerir
estar de acuerdo
rechazar
indicar
negar

V. Gramática

PRESENTE DE SUBJUNTIVO	
Funciones	*Ejemplos*
Duda.	Quizá *sean* demasiado anchas. Quizá *ignoren* nuestra dirección. Puede que *tenga* razón. Puede que *haya* cobrado ya.

CONDICIONAL	
Funciones	*Ejemplos*
Sugerencia.	¿Le *importaría* llevarse la falda y la blusa? ¿No le *gustaría* esta camisa? ¿Les *haría* usted una rebaja?

IMPERATIVO	
Funciones	*Ejemplos*
Sugerencia, consejo, invitación.	*Pruébese* estas blusas. *Acompáñeme* a la caja. *Llévese* este jersey; es de mejor calidad.

DEL DIÁLOGO A LA NARRACIÓN		
Funciones	*Ejemplos*	
Decir, contar, manifestar, asegurar, pedir, etc.	Estoy enfermo.	*Dijo que* estaba enfermo.
	Te pagaré mañana.	*Aseguró que* me pagaría
	Me encontré una medalla.	*Confesó que* se encontró/había encontrado una medalla.
	He hablado con el director esta mañana.	*Dijo que* había hablado con el director aquella mañana.
	Sírvase usted mismo.	Me *pidió que* me sirviera yo mismo.

APLIQUE LAS REGLAS

1. Ponga el verbo entre paréntesis en la forma correcta del *condicional*.

● ¿(Pagar, ustedes) _____ al contado?

- ¿Me (hacer, usted) _____ una rebaja?

- ¿Le (hacer, tú) _____ un descuento?

- ¿Nos (tener, ustedes) _____ informados?

2. Ponga el verbo entre paréntesis en la forma correcta del presente de subjuntivo.

- Quizá (estar, ellos) _____ ausentes.

- Quizá (llevar, usted) _____ razón.

- Puede que (vender, ella) _____ la casa.

- Quizá (alquilar, yo) _____ otro local.

- Puede que (contratar, nosotros) _____ más personal.

3. Coloque la forma correcta del *imperativo*.

- (Tomarse, usted) _____ unas vacaciones.

- (Venir, tú) _____ más a menudo.

- (Servirse, tú) _____ primero.

- (Ponerse, nosotros) _____ cómodos.

- (Escuchar, nosotros) _____ con atención.

- No (irse, usted) _____ todavía.

VI. Lectura

1. Observe y conteste.

EJERCICIOS

- Explique la diferencia entre un centro comercial y un almacén.

  _____

  _____

- ¿A qué planta se dirige usted cuando desea comprar alimentos?

  _____

  _____

- Localice una tienda de ropa de señora, de muebles, de objetos de regalo, de artesanía, una librería, una cafetería, etc., etc.

  _____

  _____

2. Trabaje con su compañero.

LONJA MUNDIAL DE LA ALIMENTACION
Barcelona, España
8-13 Marzo 1986

1 PARTICIPACION INTERNACIONAL PRODUCTOS CONGELADOS.

2 EMPRESAS MULTIPRODUCTO PRODUCTOS LACTEOS, EMPRESAS DE DISTRIBUCION.

G PARTICIPACION INTERNACIONAL. PARTICIPACION AUTONOMICA.

3 EXHIBICION DE FRUTA Y VERDURA, CONSERVAS PARTICIPACION AUTONOMICA.

4 CONSERVAS VEGETALES Y DE PESCADO NON-FOOD.

5 PRODUCTOS DIETETICOS, ACEITES, ARROCES, PASTAS ALIMENTICIAS Y FRUTOS SECOS.

7-8 MUNDIDULCE.

9-10 INTERCARN.

12 INTERVIN.

Feria de Barcelona

CON EL SOPORTE DEL DEPARTAMENTO DE COMERCIO, CONSUMO Y TURISMO DE LA GENERALITAT DE CATALUNYA

• Usted es un hombre de negocios que desea dirigirse al pabellón de aceites. Pídale información a su compañero. Usted no debe consultar el texto del dibujo. Su compañero le dará instrucciones detalladas que usted seguirá para llegar allí.

• Usted, hombre de negocios, dialoga con un representante (su compañero) en uno de los pabellones de ''Alimentaria''. Recuerde el diálogo.

3. Lea.

EL COMERCIO INTERIOR

En España, cuando hablamos de un comercio nos referimos a una tienda minorista donde se venden determinados artículos de consumo: telas, calzado, artículos de escritorio, etc.; más difícilmente denominaremos así a una tienda de artículos alimenticios, como las carnicerías, las fruterías, las pescaderías... Pero, naturalmente, el comercio no se refiere sólo a esas actividades. El comercio abarca todo el proceso de compra, venta e intercambio de mercancías y productos, realizado con ánimo de lucro, mediante el cual se distribuyen los bienes y servicios desde las unidades económicas de producción hasta los consumidores. Forma todo un entramado de relaciones personales e institucionales que llega a ser enormemente complejo, actuando como nexo de unión entre producción, consumo e inversión.

El intercambio se realiza a través de canales de comercialización, distintos según las características de cada producto. En términos generales,

84

podemos distinguir dos tipos de canales: uno para los bienes de equipo y otro para los de consumo. Los primeros, aquéllos que se destinan a la producción y transporte de otros bienes, se comercializan directamente desde el fabricante al cliente, pues cada vez con más frecuencia se fabrican por encargo y la venta habitualmente se realiza con pago aplazado. Dentro de este sector, cobra cada vez más importancia la venta de fábricas completas "llave en mano", por compañías que incluso proporcionan financiación y asistencia técnica al cliente.

Entre los bienes de consumo hay que distinguir los perecederos —alimentos— de los no perecederos. Los primeros pueden seguir el camino ortodoxo desde el productor al consumidor pasando por el minorista, o bien otro más complicado que se inicia en el productor, continúa en el comisionista, sigue con el asentador en el mercado central de alguna ciudad, quien vende al minorista y éste, finalmente, al consumidor.

En el último proceso descrito se pueden dar situaciones de control del mercado por parte de algún eslabón de la cadena, pudiéndose manipular los precios o las cantidades, por lo que en España, desde los años setenta, el Estado se ha visto obligado a intervenir en la comercialización de los productos agroalimentarios a través de los mercados en origen mediante una sociedad mixta que creó los "mercos", modernas lonjas donde se concentra la oferta de los productos para evitar la manipulación en los precios. Por otro lado, a través de otra empresa estatal (Mercasa) se coordinan los centros mayoristas de las grandes ciudades. La importancia de estos mercados centrales es cada vez menor, puesto que el tráfico de mercancías se realiza de forma creciente en centros de distribución minorista de gran capacidad: son los supermercados, y más recientemente, los hipermercados que, ocupando grandes superficies de terreno, están surgiendo en las afueras de las grandes ciudades, mientras que el pequeño comerciante se ve, poco a poco, relegado, subsistiendo gracias a que ofrece determinados servicios, como el reparto a domicilio o los horarios ajustados al barrio, que no proporcionan los grandes centros.

Los bienes de consumo duradero han sufrido el mismo proceso, y las pequeñas tiendas de barrio están siendo paulatinamente desplazadas por los grandes almacenes.

El capítulo de las transformaciones llegó también a las ferias y los mercados, las cuales han perdido su carácter tradicional de reunión de oferentes y demandantes para, mediante la discusión y el regateo, llegar a establecer el precio de mercado. Esta modalidad sólo subsiste, de modo marginal y casi por inercia, en el mercado ganadero, mientras que han surgido las grandes ferias, algunas de ámbito internacional en los denominados "palacios de exposiciones". En ellos se muestra lo más moderno y atractivo de lo producido por los distintos sectores, sirviendo, más que como auténticos mercados de intercambio, como escaparates publicitarios donde exponen sus productos los fabricantes y comerciantes. Es curioso observar cómo hasta su mismo nombre ha variado, abandonándose en muchos casos el nombre de feria o mercado para denominarse "salones".

4. Comprensión general.

● Elija ☒ la palabra que mejor exprese el concepto de comercio.

☐ Tienda.   ☐ Suministro.
☐ Intercambio.   ☐ Lucro.
☐ Mercado.   ☐ Inversión.

● Resuma en una sola frase la diferencia fundamental entre el comercio de bienes de equipo y el de bienes de consumo.

● Mencione los medios empleados por el Estado para intervenir en los precios de productos alimenticios.

1.
2.

● ¿Qué diferencia existe entre una feria y las actuales ferias?

1. En las primeras
2. En las segundas

5. Comprensión detallada.

● Seleccione en el texto vocabulario relacionado con las siguientes palabras:

TIENDA   COMERCIO

● Explique la frase *la venta de fábricas completas "llave en mano"*.

● Rellene el siguiente esquema de comercialización. Apóyese en el texto.

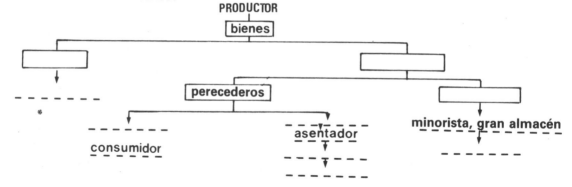

● Complete la siguiente frase:

Los pequeños comerciantes tienen dificultades, ya que _____

_____

y se defienden porque _____

_____

6. Exprésese libremente.

● Pregunte a su compañero sobre los canales de comercialización en su propio país. Después él le pregunta a usted. Anótenlo.

	Pregunte	Responda
Usted		
Su compañero		

● Describa a su compañero un "salón" que usted haya visitado. Su compañero toma notas.

La letra de cambio.

En la actualidad, la letra de cambio se define como un título de crédito formal y completo que obliga a pagar a su vencimiento, en un lugar determinado, una cantidad cierta de dinero a la persona primeramente designada en el documento, o a la orden de ésta a otra distinta también designada. Normalmente el lugar donde se efectúa el pago es en el banco del deudor, en cuyo caso se dice que la letra está domiciliada en dicho banco.

En este título intervienen, normalmente, tres personas: el librador, que es quien crea la letra firmando la orden de pago que contiene; el librado, que es a quien se dirige ese mandato de pago, es decir, la persona a cuyo cargo se gira la letra; y el tomador, persona que recibe la letra y a cuya orden se manda hacer el pago.

En determinados casos el librador puede asumir la función del librado o la del tomador; también pueden intervenir otras personas, como el avalista, el endosatario, etc. Figura muy importante es el endosatario, pues la institución del endoso ha permitido hacer de la letra un título circulante.

La letra de cambio es un documento de gran interés económico, pues además de ser un instrumento del contrato de cambio en operaciones a distancia, sirve de medio de pago y cumple una función crediticia importante.

1. Empareje los once vocablos de la columna A con los once significados adecuados de la B.

	A		B
Ejemplo:	1 título de crédito	☐	designar el lugar donde se efectuará el pago
	2 vencimiento	☐	persona a cuyo favor se traspasa la letra
	3 domiciliar	☐	a quien se le ordena el pago
	4 librador	☐	expedir la orden de pago
	5 orden de pago	☐	mandato de abonar la cantidad adeudada
	6 librado	☐	fecha límite
	7 girar	☐	documento
	8 tomador	☐	quien garantiza el pago
	9 avalista	1	documento vendible
	10 endosatario	☐	quien firma la orden de pago
	11 título circulante	☐	el primer tenedor de la letra

2. Refleje en la letra de cambio la siguiente operación.

PAGUISA, empresa papelera de Guipúzcoa, vende una partida a IMPSA, imprenta de Pamplona. El pago lo hacen por letra de cambio. La letra se domicilia en BANESTO (Banco Español de Crédito) donde IMPSA tiene su cuenta corriente. **Refleje esta operación en la letra que se le da.** Posteriormente PAGUISA negocia la letra. **Refleje estas operaciones.**

Lugar de libramiento	Importe
Fecha de libramiento	Vencimiento

CLASE 14ª
10 PTA
HASTA 4.000 PTA

0 A 1075016

Por esta LETRA DE CAMBIO pagará usted al vencimiento expresado

a ....

la cantidad de ....

en el domicilio de pago siguiente:

C.C.C.   D.C.

PERSONA O ENTIDAD ....

DIRECCION ....

.... Núm. de cuenta ....

Cláusulas ....

Nombre y domicilio del librado

Firma, nombre y domicilio del librador

Acepto .... de .... de 19 ....

No utilice este espacio, por estar reservado para inscripción magnética

NO UTILICE EL ESPACIO SUPERIOR, POR ESTAR RESERVADO PARA INSCRIPCIÓN MAGNÉTICA

Por aval de ....

....

A .... de .... de ....

Nombre y domicilio del avalista ....

....

....

Páguese a ....

con domicilio en ....

...., ...

........................., a .... de .... de ....

Nombre y domicilio del endosante ....

....

I. Preparación

EJERCICIOS   **1. Observe la foto y conteste.**

● ¿Qué representa esta foto?

● ¿Qué permite llevar este tipo de vida durante un tiempo?

2. Lea los textos tomados de un folleto de turismo y conteste.

CASTILLA-LEÓN

***Parador Nacional Fuentes Carrionas.
Cervera de Pisuerga (Palencia).
  Situado sobre el pantano de Ruesga. En sus alrededores, numerosas y admirables iglesias románicas. Lugar de encuentro para los cazadores que acuden al coto de Fuentes Carrionas. Cocina castellana. (Servicios: sitio pintoresco, jardín, aire acondicionado. Admite: American Express, Eurocard. Visa).

*****Hotel de San Marcos.
Plaza de San Marcos, 7.258 habitaciones.
  Comenzado en el siglo XVI, su arquitectura y su fachada plateresca son famosas. Cocina española e internacional. (Servicios: jardín, aparcamiento, sala de fiestas. Se aceptan: American Express, Eurocard, Visa).

COSTA DEL SOL

***Parador Nacional de Gibralfaro.
Monte de Gibralfaro (Málaga), 12 habitaciones.
  Espléndida visión de la ciudad, la costa y la sierra desde este parador rodeado de un bosque de pinos y de eucaliptos, inmediato a las ruinas de la antigua fortaleza alzada por los fenicios. Buenos pescados en su cocina. (Servicios: sitio pintoresco, aparcamiento, restaurante. Se aceptan: American Express, Eurocard, Visa).

****Parador Nacional de Golf. Torremolinos.
  Rincón apacible para el deporte y el descanso. Cocina internacional y típica cocina andaluza: gazpacho, arroz a la malagueña y fritura de pescado. (Servicios: sitio pintoresco, jardín, aire acondicionado, piscina, tenis, restaurante, aparcamiento. Se aceptan: American Express, Eurocard, Visa).

● Elija el hotel que le interese. Explique su elección.

● ¿Qué servicios se ofrecen?

II. Audición

  Una pareja, Ángela y Juan, y sus amigos ingleses Ronald y Brenda están en un restaurante tratando de elegir el menú para la comida.

1. Estudie el menú y marque los platos y vinos que van a tomar los comensales. Vea el ejemplo.

MENÚ

PRIMER GRUPO	precios
Sopa de ajo	350 pts
Entremeses de la casa	300 "
Judías blancas	400 "
Cocido madrileño	450 "
Menestra de verdura	325 "
Paella Valenciana	300 "

SEGUNDO GRUPO

	precios
Merluza a la romana	850 pts
Merluza a la vasca	850 "
Lubina a la sal	1500 "
Salmonetes fritos	750 "
Lenguado a la plancha	700 "
Calamares en su tinta	800 "

TERCER GRUPO	precios
Chuletas cordero	800 pts
Filete de Ternera	600 "
Pollo asado	450 "
Ternera asada	450 "
Riñones al Jerez	400 "
Sesos a la romana	500 "

POSTRES

	precios
Fruta del tiempo	200 pts
Tarta de moka	250 "
Flan de la casa	150 "
Helado de vainilla	200 "

VINOS

	precios
Vino blanco	250 pts
Vino tinto	200 "
Vino rosado	150 "

2. Coloque a la izquierda o derecha de los platos la inicial de los comensales que lo eligieron: B (Brenda), R (Ronald), A (Ángela), J (Juan). Vea el ejemplo.

3. Escriba los nombres de los platos que oiga y su composición.

Platos	Alimentos que los componen

4. ¿Por qué eligen los platos los comensales? Complete.

Brenda va a tomar ———————— porque ————————
Ronald tomará ———————— porque ————————
Ángela ha elegido ———————— porque ————————
Juan se decide por ———————— porque ————————

III. Trabaje con su compañero

1. Dígale a su compañero el nombre de un plato de su país o región y explíquele en qué consiste. Use el vocabulario que se le da.

CONVERSACIÓN

Verbos	Sustantivos	Adjetivos
hervir asar guisar rehogar freír	sal azúcar especias escabeche	salado dulce sabroso fuerte ligero ácido pesado

IV. Practique la escritura

1. Complete la narración de la primera parte del diálogo. Elija los verbos que necesite de los que se le dan.

ESCRIBA

Juan preguntó a Brenda y Ronald si sabían lo que iban a pedir, Ronald

preguntar	rogar
decir	indicar
proponer	rechazar
contestar	estar de acuerdo
añadir	sugerir
explicar	informar
opinar	manifestar
invitar	negar
pedir	afimar

V. Gramática

INDICATIVO	
Funciones	*Ejemplos*
Expresar gustos, apetencias, aversiones.	*Me gusta* el cordero lechal. *Me apetece* pescado hoy. *Detestan* los embutidos.

FRASES INTERROGATIVAS	
Funciones	*Ejemplos*
Sugerencias, proposiciones.	¿*Por qué no* compartimos los platos? ¿*Qué va* usted a beber? ¿*Dónde* nos sentamos? ¿*Qué* cubierto prefieres?

IMPERATIVO/FUTURO	
Funciones	*Ejemplos*
Tomar decisiones.	*Pidamos* el plato del día. Yo *tomaré* flan.

DEL DIÁLOGO A LA NARRACIÓN	
Funciones	*Ejemplos*
Narrar: preguntas, sugerencias, etc.	¿Por qué no pides postre? Le *preguntó por qué* no pedía postre. ¿Qué quieres de primer plato? Le *preguntó que* quería de primer plato. Toma besugo al horno. Me *sugirió que* tomara besugo al horno. Quédate un día más. Me *propuso que* me quedara un día más.

APLIQUE LAS REGLAS

1. Coloque un sinónimo de los verbos subrayados. Este sinónimo se encontrará en otra frase del ejercicio.

- Me *gusta* el gazpacho. _____

- *No* le *gustan* los macarrones. _____

- Les *encantan* las ensaladas. _____

- *Detesto* las legumbres. _____

- Me *chiflan* los ahumados. _____

- No *tengo ganas* de comida caliente hoy. _____

2. Coloque el interrogativo que corresponde en las siguientes sugerencias o proposiciones.

- ¿——————— quieren ustedes de bebida?

- ¿En ——————— restaurante comemos?

- ¿——————— no se sientan ustedes con nosotros?

- ¿——————— queso prefieres?

- ¿——————— no pedimos ya?

3. Transforme según el modelo.

Ejemplos: *¿Pedimos* el menú del día?
Pidamos el menú del día.

Yo *bebo* agua.
Yo *beberé* agua.

- Me sirvo yo mismo. ———————————

- ¿Entramos aquí? ———————————

- ¿Le pongo más salsa? ———————————

- ¿Pagamos a medias? ———————————

- ¿Les traigo hielo? ———————————

4. Pase al estilo narrativo.

Ejemplo: *¿Comemos juntos?* (proponer)
Me propuso que comiéramos juntos.

- ¿Por qué no hay paella hoy? (pregunta, yo).

———————————————————

- ¿A qué hora desean ustedes comer? (preguntar, él).

———————————————————

- Pidan ustedes el pez espada a la plancha (sugerir, ellos).

———————————————————

- Vengan en nuestro coche (proponer, ellos).

———————————————————

- ¿Qué desea ver hoy? (preguntar, ellos).

———————————————————

VI. Lectura

EJERCICIOS

1. Lea el cuadro y conteste a las preguntas.

EL TURISMO ESPAÑOL, EN CIFRAS (1985)	
Visitantes totales	43.235.363
Turistas	27.500.000
Ingresos totales (turismo extranjero)*	8.150.800.000
Beneficios totales (deducidos los pagos)*	7.140.700.000
Alojamientos (número de plazas)	1.526.723
Restaurantes (número de plazas)	2.208.562
Plazas en cafeterías	407.531
Participación en el PIB	9 %
Empleos directos (1984)	696.000
Empleos indirectos	452.000
Participación en población activa ocupada	11 %

* En dólares EE.UU.

- ¿Cómo es posible que entren 43.235.363 visitantes y sólo haya 1.526.723 plazas de alojamiento? Elija ⊠ la respuesta más correcta.
  Porque:
  ☐ Duermen en los trenes.
  ☐ Montan tiendas en las playas.
  ☐ Duermen muchos en la misma cama.
  ☐ No duermen.
  ☐ Se distribuyen a lo largo de todo el año.
  ☐ Duermen en vestíbulos de las estaciones y aereopuertos.
  ☐ Duermen en los coches.

- Explique qué quiere decir "beneficios totales (deducidos los pagos)".

2. En el texto de lectura que sigue leerá "...para algunos también es un país de catedrales y castillos".

- ¿Qué relación existe entre esta frase y las fotos?

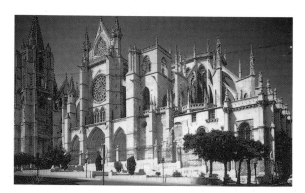

3. Lea.

EL TURISMO

Para muchos extranjeros España es una país de playas soleadas, de terrazas de bares, discotecas, plazas de toros y fiestas más o menos —normalmente menos— "típicas"; para algunos también es un país de catedrales y castillos. Es decir, que para gran parte de los extranjeros, España es un país de ocio y diversión. Naturalmente esta imagen se debe a una visión muy parcial a cuya formación ha contribuido la propaganda realizada por las agencias de viajes y las propias instituciones oficiales encargadas de promocionar el turismo, y la idea que se llevan los millones de personas que llegan a nuestro país en busca de sol a precios relativamente baratos.

El fenómeno turístico no es enteramente nuevo, pero es a partir de los primeros años de la década de los 60 cuando se asiste a un explosivo aumento de los extranjeros que pasan sus vacaciones en España. Desde un total de algo más de un millón de turistas entrados en 1950, en 1985 se han superado los cuarenta millones. La importancia económica de este flujo es enorme, y, a pesar de ue en los últimos años presenta un relativo estancamiento, tanto en la cifra de visitantes como en el aumento de ingresos en divisas, el turismo sigue siendo uno de los puntales de la balanza de pagos española. Los turistas gastan su dinero en la adquisición de bienes y servicios de nuestro país, produciéndose una exportación sin desplazamiento de dichos bienes y servicios, algunos de los cuales no pueden ser trasladados por su propia naturaleza (como son las carreteras, el ferrocarril, los servicios hoteleros, etc.).

Este tipo de exportaciones presenta también ciertos inconvenientes. El mayor de ellos es, sin duda, el de la estacionalidad. A España se viene fundamentalmente a disfrutar del sol y de las playas del Mediterráneo, por ello la máxima afluencia de turistas se produce en los meses de verano, de junio a septiembre, y en consecuencia la demanda de plazas hoteleras se concentra en la temporada estival, mientras que durante el resto del año la hostelería sufre una elevada tasa de desocupación, e incluso, en algún caso, cierran sus puertas ciertos establecimientos.

Otra de las dificultades por las que atraviesa el sector se debe a las duras condiciones que imponen las "operadoras" extranjeras, que se valen de su posición casi monopolista en cada país para imponer a los hoteles españoles unos precios sensiblemente bajos. No obstante, en los últimos años el incremento del turismo interior ha paliado, en cierta medida, la dependencia casi exclusiva del exterior al tiempo que ha reducido la estacionalidad de la demanda hotelera.

Con todo, el turismo ofrece un saldo netamente positivo; por un lado, proporciona pingües beneficios económicos —en 1985 se ingresaron por este concepto más de ocho millones de dólares— y, por otro, contribuye al conocimiento entre gentes de distinta cultura y al intercambio de ideas.

4. Comprensión general.

COMPRENSIÓN
LECTORA

● ¿Qué imagen tiene de España el turista?

──────────────────────────────────

──────────────────────────────────

● Marque ☒ la frase que encierre una idea del segundo párrafo.

☐ El turismo es la única fuente que produce divisas.

☐ Los ingresos del turismo se contabilizan en las exportaciones.

☐ Los bienes y servicios que demandan los turistas son inexportables.

● Explique el término "estacionalidad".

● Distinga entre turismo interior y turismo exterior.

5. Comprensión detallada.

● Indique el momento en que se inicia el desarrollo turístico.

● ¿En cuánto ha crecido el número de turistas en los últimos treinta años?

● Enumere bienes y servicios que consumen los turistas.

TRANSPORTABLES	NO TRANSPORTABLES

● ¿Qué bienes naturales constituyen la base de la oferta turística?

● ¿Cuándo es la temporada alta de turismo?

6. Exprésese libremente.

● ¿En su país tiene importancia económica el turismo? ¿Y en el de su compañero?.
Su país.
El país de su compañero.

● ¿Qué ofertas y temporadas turísticas son más importantes en su país? ¿Y en el de su compañero? Tome notas.
Su país.
El país de su compañero.

7. Dé su propia opinión sobre las ventajas y desventajas del turismo.

VII. Ampliación

1. Lea el texto periodístico y conteste.

● ¿Afectaría la recesión económica en Europa a la economía?. Explique.

_____
_____
_____

● ¿De qué países proceden los turistas que visitan España?

_____
_____

2. Según el mapa, ¿qué motivaciones existen para que acuda el turismo a España?

AL SOL QUE MÁS CALIENTA

Todos los años, más de 50 millones de nórdicos y centroeuropeos se lanzan a la conquista de las playas mediterráneas, y muy especialmente de las españolas. El 50 por 100 de todos los viajes turísticos organizados en Europa tiene como destino España, país en el que esta actividad genera el 9 por 100 del producto interior bruto y proporciona el 11 por 100 de los empleos nacionales.

El País
22 de marzo 1986

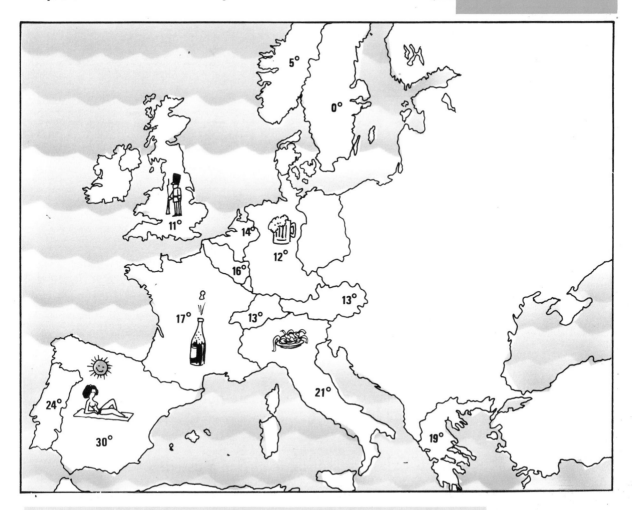

_____
_____
_____
_____

3. Lea la factura del hotel y conteste.

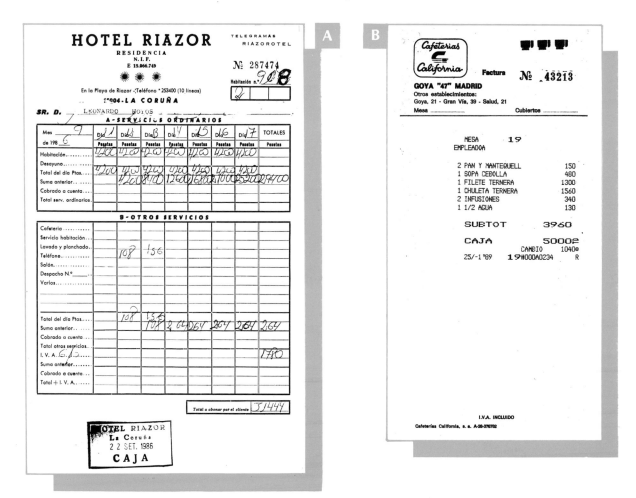

DOCUMENTO A.

- ¿Qué servicios se le cargaron a don Leonardo Hoyos, cliente del Hotel Nervión?

DOCUMENTO B.

- ¿Qué bebidas consumió el cliente que pagó la cuenta?

- ¿Qué bebidas, de la lista, le gustan a usted?

9 | LA BANCA

I. Preparación

1. Lea los titulares de prensa y explique qué le sugieren.

2. Piense en la posible reacción de los impositores de los bancos y expóngalas.

II. Audición

El señor Almodóvar, director de un banco, conversa con el clien- te, señor Núñez, después de que éste pidiera una entrevista con urgencia.

1. Elija ☒ un posible titular para la prensa de la mañana.

☐ "Preocupación entre los impositores del Banco X".
☐ "Los accionistas de la Banca X, sin beneficios".
☐ "Situación crítica de la Banca X".
☐ "Las acciones de la Banca X no se cotizaron en Bolsa".

2. Marque ☒ la respuesta correcta.

☐ El director (señor Almodóvar) está alarmado.
☐ El director del banco inquieta al cliente.
☐ El director tranquiliza al cliente.
☐ El director anuncia futuras mejoras al cliente.

3. Elija ☒ la respuesta que indique la actitud del cliente.

☐ El cliente desea retirar sus depósitos.
☐ El cliente está asustado.
☐ El cliente está tranquilo.
☐ Al cliente le van mal las cosas.

4. Marque ☒ la función del Fondo de Garantía de Depósitos.

☐ Protege a los bancos si llegan a no tener liquidez.
☐ Se preocupa de repartir dividendos a los accionistas.
☐ Garantiza los depósitos de los impositores.
☐ Compra las acciones de los bancos que quiebran.

III. Hable con su compañero

CONVERSACIÓN

1. Pregúntele a su compañero sobre...

— los principales bancos comerciales de su país.
— tipo de operaciones que realizan.
— su influencia en la economía del país.

Ayúdese del siguiente vocabulario:

banco emisor	prestar
caja de ahorros	préstamo
billetes de curso legal	crédito oficial
banca privada	conceder créditos

"EL BANCO
EN CASA"
POR TELEFONO
DEL BANCO
SANTANDER

IV. Practique la escritura

1. Escriba en forma narrativa el diálogo de esta unidad. Elija los verbos que necesite del siguiente cuadro.

El director preguntó al señor Núñez qué le traía por allí. Éste le

hablar
preguntar
tranquilizar
decir
informar
invitar
manifestar
indicar

V. Gramática

PRESENTE INDICATIVO Y FUTURO/IMPERFECTO SUBJUNTIVO Y CONDICIONAL	
Funciones	*Ejemplos*
Condición real.	*Si quiebra* el banco, ¿qué *pasará*?
	Si amplían el horario de trabajo, *necesitarán* más empleados.
Condición irreal.	*Si* todo el mundo *retirase* sus depósitos, ¿qué *pasaría*?
	Si retirasen los depósitos no *llegaríamos* a una situación de falta de liquidez.
Condición irreal, consejo.	*Si* yo *estuviera* en tu lugar no me *preocuparía*.

USO ESPECIAL DEL FUTURO	
Funciones	*Ejemplos*
Suposición.	Me *dirás*.
	¿Qué edad *tendrá*?
	¿Qué *estarán* discutiendo?
	¿Qué *habrá* decidido?
	Más de un impostor lo *estará* pensando ya.

DEBER/CONVENIR QUE/TENER QUE	
Funciones	*Ejemplos*
Deber, conveniencia.	*Debes* entrevistarse con el gerente.
	Conviene que esperemos otra semana.
Consejo	*No debes* preocuparte.
Necesidad.	*Tienes que* pedir otro préstamo.

INFINITIVO/SUSTANTIVO	
Funciones	*Ejemplos*
Aseveraciones.	No *repartir* dividendos preocupa a los accionistas.
	Despedir personal nos costará mucho dinero.
	Abaratar costes es nuestro objetivo.

APLIQUE LAS
REGLAS

1. Coloque el verbo entre paréntesis en la forma correcta del *indicativo* o *subjuntivo*.

● Si los impuestos (subir) _____ , ¿qué haremos?

● Si el tipo de interés subiera (invertir, yo) _____ en bonos del Estado.

● Si os conceden el crédito completo, (poder vosotros) _____ reanudar el negocio.

● Si la transferencia (no llegar) _____ para el día 27, os giraría una letra.

● Si yo tuviera un cliente tan informal, no le (conceder) _____ ese crédito.

2. Transforme según el modelo.

Ejemplo: *Piensas que no tengo interés.*
Pensarás que no tengo interés.

● ¿Qué planes tienes?

_____

● ¿Cuánto has vendido?

_____

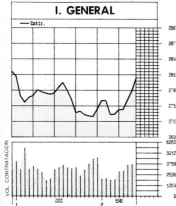

INDICE BOLSA DE MADRID
I. GENERAL

- Está muy desacreditado. ¿Quién le da el aval?

  ─────────────────────────

- Ya saben la noticia.

  ─────────────────────────

- Ya se ha clausurado la exposición.

  ─────────────────────────

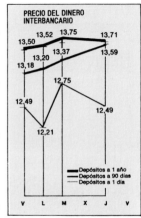

3. Use el *presente* de *deber*, *tener* o *convenir*, según convenga.

- ─────── que pague usted por banco.

- Nosotros ─────── presentar las facturas con más antelación.

- ¿ ─────── yo firmar aquí?

- No ─────── que se cambie la imagen del producto.

- No ─────── (tú) que hacer tanta publicidad.

4. Transforme el artículo según el modelo.

   Ejemplo: *La compra de esas acciones fue un error.*
   Comprar esas acciones fue un error.

- La suspensión de pagos dañaría nuestro crédito.

  ─────────────────────────

- El cobro a domicilio es antieconómico.

  ─────────────────────────

- La hipoteca de los bienes de equipo no es aconsejable.

  ─────────────────────────

- La inversión en esos bonos desgrava en el Impuesto sobre la Renta.

  ─────────────────────────
  ─────────────────────────

- La adquisición de maquinaria moderna nos permitiría competir.

  ─────────────────────────

VI. Lectura

1. La foto representa el edificio del Banco de España.

- ¿Qué funciones supone usted que tiene este banco?

2. Lea los textos y conteste.

- Explique las frases:

    1. "Un práctico libro de contabilidad".

    2. "...que canaliza toda la vida económica de su familia".

    3. "Entradas y salidas".

- En una frase diga qué es una libreta de ahorros.

Un práctico libro de contabilidad

Un pequeño libro de contabilidad que canaliza toda la vida económica de su familia.

CAJA DE AHORROS Y MONTE DE PIEDAD DE MADRID

LIBRETA DE AHORRO

Su libreta registra todas sus entradas y salidas.

3. Un cheque puede ser al portador o nominativo. Rellene el cheque que se le da para pagar a los almacenes PROCISA la cantidad de 789.000 pesetas.

Banco de Vizcaya
AGENCIA URBANA JUAN BRAVO
JUAN BRAVO, 33. MADRID-6

0102
0969   2 9   01 723000 1

PTAS.

PAGUESE A
PESETAS

DE   DE 19
(Fecha en letra)

9-4.659.1204

⑈659120⑈0102⑈ 0969⑈ 0018440003⑈

4. Lea.

LA BANCA

El Banco de España, las entidades oficiales de crédito, la Banca privada y las Cajas de Ahorro son las instituciones de crédito que absorben la mayor parte de los fondos disponibles en España que, en menor cuantía, se dirigen también, directamente o a través de dichas instituciones, a las Bolsas de Valores.

El Banco de España, cuya sede central se encuentra en un hermoso edificio de la madrileña plaza de Cibeles, tiene encomendadas dos tipos de funciones: asesorar al gobierno en materia de política monetaria y crediticia y cumplir con las obligaciones estrictamente bancarias y propias de un banco emisor.

Entre estas últimas cabe citar: la emisión y retirada de circulación de billetes de curso legal; cubrir los servicios de tesorería del Estado; conceder créditos al sector público; centralizar las operaciones económicas con el exterior, teniendo a su cargo la reserva de oro y divisas; realizar operaciones de mercado abierto, con el fin de regular el mercado de dinero; y, por último, ejercer como banco de bancos, es decir, como banco de la banca privada, siendo él quien concede créditos contra la pignoración de la Deuda Pública, redescuenta los efectos comerciales, etc. Pero el Banco de España no es la única institución financiera del sector público. Dependiendo del Instituto de Crédito Oficial (ICO) existen una serie de instituciones cuya actividad está dirigida a facilitar la política económica del gobierno en el área específica donde opera cada uno de ellos.

Por su parte, la banca privada está formada en la actualidad por más de cien empresas; no obstante, el grueso de la actividad lo desarrollan los primeros grandes bancos, algunos en proceso de fusión, quienes absorben cerca del 50 por 100 del total de recursos ajenos del sistema bancario. Es de destacar que la gran banca tiene un carácter claramente mixto de banca de depósito y de negocios. Los ahorradores particulares, dada la debilidad del mercado de valores, depositan gran parte de sus fondos en cuentas bancarias, de gran estabilidad, lo que permite a estas instituciones realizar operaciones financieras a largo plazo. Es por ello por lo que en todas las grandes empresas españolas pesa en mayor o menor grado el control bancario.

Otra forma de intermediario financiero, típicamente española, es la de las Cajas de Ahorro. Jurídicamente son instituciones privadas sin ánimo de lucro, y tienen como finalidad fomentar el ahorro, fundamentalmente de perceptores de rentas bajas, ofreciendo un tipo de interés algo más elevado que el de la banca comercial, y facilitar créditos personales. Su importancia es enorme, absorbiendo cerca del 50 por 100 de los depósitos de nuestro país. Reciben un tratamiento fiscal específico, por lo que el Estado mantiene una cierta intervención sobre ellas.

Por último hay que mencionar las Compañías de Seguros, que últimamente están asistiendo a un rápido crecimiento.

Del conjunto del sistema financiero español hay que destacar la rápida evolución sufrida en los últimos años, ya que de un modelo incapaz de practicar una política monetaria moderna y desconectado de los mercados internacionales se pasó a un sistema con mercados monetarios y de crédito semejante a los de los países desarrollados del mundo occidental.

5. Comprensión general.

- Mencione las diferentes instituciones financieras.

- ¿Qué actividades fundamentales realiza el Banco de España?

- Mencione dos características fundamentales de la banca privada.

- ¿En qué se diferencian las Cajas de Ahorro de la banca privada?

6. Comprensión detallada.

- Señale las funciones específicas de cada institución financiera.

Institución	Funciones específicas
	— Recoge y opera los dineros del Estado. — Concede préstamos a personas con pequeños ingresos. — Invierte en empresas comerciales e industriales. — Interviene en el mercado del dinero. — Incentiva al pequeño ahorrador. — Concede créditos a la banca privada. — Interviene en las relaciones económicas con el exterior. — Recibe depósitos en cuentas a plazo.

7. Exprésese libremente.

- ¿Existe en su país una institución similar a las Cajas de Ahorro?

- ¿Hay en su país una banca oficial?

- ¿Cuál es el banco emisor de su país?

  _____

- Usted personalmente, ¿hacia dónde canalizaría sus ahorros? Elija [X] su opción.

  ☐ Hacia una cuenta bancaria a plazo fijo.
  ☐ Invirtiendo en Bolsa.
  ☐ Suscribiendo un seguro.

- Explique la elección anterior.

  _____
  _____

VII. Amplíe

1. Estudie el "extracto de cuenta" de la derecha y construya otro donde se reflejen las operaciones que se le dan a continuación.

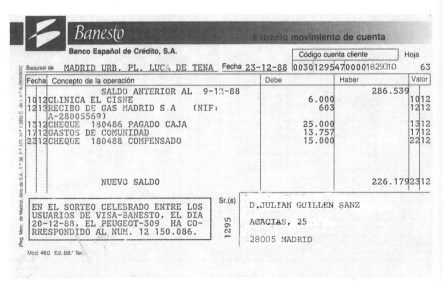

Usted tiene una cuenta corriente en la oficina de Caja de Madrid de la calle Diego de León, número 45. La Caja le envió un resumen de los movimientos habidos en su cuenta durante el mes de enero del año en curso. La cantidad inicial de su cuenta es de 239.415 pesetas. Las operaciones son las siguientes:

- Le cobraron la factura de la electricidad.
- Pagaron un cheque firmado por usted.
- Le ingresaron su salario.
- Retiró 20.000 pesetas en dinero.
- Le cobraron una cuenta pagada con cheque.

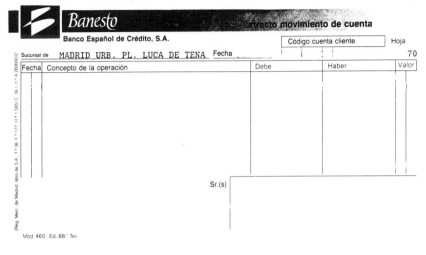

Banco Español de Crédito

R-100-N

2-1 Ed. 85.º Bis

ENTREGA EFECTUADA POR

NOMBRE

DOMICILIO, PLAZA Y PROV.

PARA ABONAR, SALVO BUEN FIN

[ ] EN SU PROPIA CUENTA EN ESTA SUCURSAL, N.º Cl.

AL BENEFICIARIO QUE SE INDICA

[ ] BENEFICIARIO Y N.º CUENTA

DOMICILIO DEL BENEFICIARIO, PLAZA Y PROV.

(Reg. Merc. de Madrid, libro de S.A., T.º 36, F.º 177, H.º 1.595). Código de identificación n.º A-28000032.

SELLO
DEL
BANCO

ESTE RESGUARDO NO SERA VALIDO SI TIE-
NE ENMIENDAS O RASPADURAS Y EN CUAL-
QUIER CASO, SI CARECE DE LA IMPRESION
MECANICA QUE LO AUTENTIQUE O EN SU
DEFECTO DE FIRMA AUTORIZADA.

FECHA	S. de O. Maq.	R. N.º	PESETAS

L I Q U I D A C I O N			
COMISION	I.T.E. Y R.P.	OTROS GASTOS	TOTAL GASTOS

DATOS A RELLENAR POR EL BANCO

CAJA INTERVENCION

CLASE DOCMTO.	NUMERO	BANCO LIBRADO	IMPORTE

TOTAL PESETAS:

SON PESETAS

ROGAMOS QUE AL RELLENAR ESTE IMPRESO LO HAGA SO-
BRE SUPERFICIE DURA UTILIZANDO BOLIGRAFO. CONSIGNARA
CLARAMENTE EL NOMBRE ,DOS APELLIDOS O RAZON SO-
CIAL COMPLETA Y SI LE ES POSIBLE EL N.º DE CUENTA.
NO OLVIDE MARCAR [X] LA OPERACION A REALIZAR.

FIRMA DEL QUE HACE LA ENTREGA,

2. Rellene el documento de la izquierda con los datos que se le dan.

Usted desea ingresar en la cuenta corriente de Dolores Román Pérez, 71.000 pesetas para lo cual utiliza un cheque contra su propia cuenta del Banco de Bilbao-Vizcaya.

Rellene el cheque en blanco al portador.

BANCO ESPAÑOL
DE CRÉDITO, S.A.
URBANA: C/. PARIS
PARIS, 40, 42 y 44 - BARCELONA-15

2281

PTAS. #95.000#

PAGUESE A SOCIEDAD GENERAL ESPAÑOLA DE LIBRERIA S.A.
PESETAS NOVENTA Y CINCO MIL

Barcelona, treinta de Febrero de 19 89

SERIE A 017851

#017851#0030# 2281#

BANCO ESPAÑOL
DE CRÉDITO, S.A.
URBANA: C/. PARIS
PARIS, 40, 42 y 44 - BARCELONA-15

2281

PTAS.

PAGUESE A
PESETAS

DE de 19

SERIE A 017850

#017850#0030# 2281#

3. Estudie las instrucciones, elija una operación y pídale a su compañero que la efectúe. A continuación, a la inversa. Anote las operaciones en el cuadro que se le da.

Ejemplo:

Usted: Pida la anulación de su tarjeta de viaje.

Su compañero: Pulse la tecla número 4.

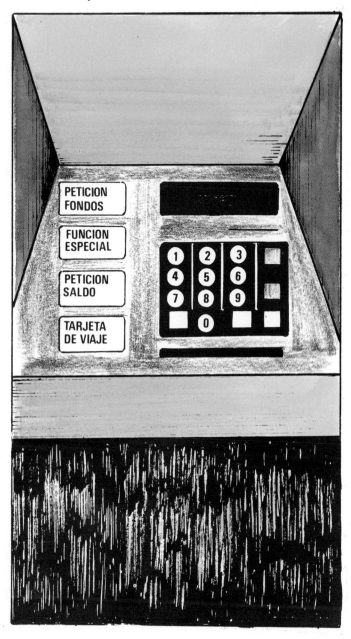

Usted	Su compañero
Anulación tarjeta viaje.	Pulsar tecla número 4.

I. Preparación

MERCADO DE DIVISAS

	Viernes 9	Viernes 16	Dif.
1 dólar EE.UU	138,74	139,370	+0,69
1 franco francès	19,988	19,960	0,02
1 libra esterlina	213,644	214,225	+0,58
1 franco suizo	76,444	76,505	+0,06
1 marco alemán	63,638	63,563	0,07
100 yenes japon.	85,587	85,205	0,38

2. Lea el cuadro de la derecha y conteste.

● ¿Quién invertiría en obligaciones del Estado?

1. ¿El inversor muy arriesgado?

2. ¿El que desea una inversión muy líquida?

3. ¿Quien quiera tener desgravación en sus pagos a Hacienda?

4. ¿Quien desee hacer una inversión que hereden sus descendientes?

La empresa, que el pasado diciembre repartió un dividendo a cuenta de 20 pesetas netas, repartirá un dividendo neto total del 9 por 100 correspondiente al ejercicio del año terminado.

1. Mire el cuadro y diga.

● ¿Qué divisa se ha revalorizado más?

● ¿Qué divisa se ha devaludado más?

DATOS DE LA PRIMERA EMISIÓN DE OBLIGACIONES DEL ESTADO

Fecha:	Septiembre-octubre 1983
Interés nominal resultante subasta:	16,50 %
Amortización:	5 u 8 años, a elección del inversor.
Valor nominal de cada título:	10.000 pesetas.
Se suscribieron un total de:	34.062 millones de pesetas.
Fiscalidad:	No se da derecho a desgravación.
Liquidez:	Las OBLIGACIONES DEL ESTADO ya se están cotizando en Bolsa, por lo que la liquidez se garantiza por su continua demanda. Ejemplo: Datos de la 4.ª semana de enero (Bolsa Madrid): —Días de Bolsa: 4. —Días de cotización de las OBLIGACIONES: Todos. —Cifra negociada: 292,7 millones de pesetas. —Cotización más alta: 104,75 %. —Cotización más baja: 104,00 %.

El primer cupón de interés se pagará el 24 de abril de 1984.

3. Lea el texto y responda.

● ¿Subirán las acciones de dicha empresa o bajarán? ¿Por qué?

II. Audición

En el despacho del señor Menéndez, director de un banco, don Leopoldo, industrial, pide consejo al primero sobre la conveniencia de hacer unas inversiones.

1. Elija la respuesta correcta.

COMPRENSIÓN AUDITIVA

● Don Leopoldo desea:

☐ a) Invertir para obtener altos intereses.
☐ b) Tener el dinero seguro en una cuenta a plazo fijo.
☐ c) Invertir sin riesgo.
☐ d) Invertir en la Deuda Pública.

● El señor Menéndez:

☐ a) Le disuade de que haga una inversión en el momento.
☐ b) Le aconseja que invierta en acciones de empresas varias.
☐ c) Le recomienda que deje el dinero en cuenta a plazo fijo.
☐ d) Le recomienda que invierta en el Estado y en la empresa privada.

● La inversión en Deuda Pública.

☐ a) En la actualidad es altamente rentable.
☐ b) Tiene interés en el futuro.
☐ c) Ya no es muy rentable.
☐ d) Ofrece intereses muy elevados.

● La inversión en obligaciones de la empresa privada.

☐ a) Es una operación muy interesante.
☐ b) La rentabilidad es muy elevada.
☐ c) Carece de rentabilidad debido a la inflación.
☐ d) Es una inversión recomendable porque la inflación ha descendido.

III. Hable con su compañero

CONVERSACIÓN

1. Su compañero quiere hacer una inversión en valores altamente líquidos, aconséjele.

2. Ahora usted desea hacer una inversión muy segura, su compañero le aconseja.

IV. Practique la escritura

ESCRIBA **1. Amplíe el diálogo escuchado en la audición considerando la siguiente situación.**

Don Leopoldo tiene miedo de invertir en... (*usted elige la empresa*) porque conoce su situación financiera; prefiere los valores del Estado, no obstante, el señor Menéndez trata de disuadirle y que invierta en... (*elija usted*). Don Leopoldo objeta que ▬▬▬▬, según tiene entendido, está a punto de suspender pagos. El director claramente le aconseja que invierta en... (*elija una empresa muy poderosa*).

Don Leopoldo. ▬▬▬▬▬▬▬▬▬▬▬▬▬▬▬▬▬▬▬▬▬▬▬▬

Menéndez. ▬▬▬▬▬▬▬▬▬▬▬▬▬▬▬▬▬▬▬▬▬▬▬▬▬▬

Don Leopoldo. ▬▬▬▬▬▬▬▬▬▬▬▬▬▬▬▬▬▬▬▬▬▬▬

Menéndez. ▬▬▬▬▬▬▬▬▬▬▬▬▬▬▬▬▬▬▬▬▬▬▬▬▬▬

V. Gramática

INDICATIVO-SUBJUNTIVO	
Funciones	*Ejemplos*
Consejo. (subjetividad).	Yo *aconsejo que* actúe de otra forma. Yo *recomiendo que* compre. *Aconsejaron que* esperásemos. Yo *recomendaría que* comprase.
(objetividad)	Yo *aconsejaría que* actuase de otra forma.

A, PARA, A FIN DE QUE M SUBJUNTIVO/A, PARA M INFINITIVO	
Funciones	*Ejemplos*
Finalidad.	Compre *para que* tenga desgravación. Viene *a que* le vendamos el solar. Le mandé un telegrama *a fin de que* se enterase en seguida.
Verbo principal y subordinado con el mismo sujeto.	No vengo *a* pedir. Aquí estamos *para* ayudarle.

ESTAR/SER	
Funciones	*Ejemplos*
Aprobación.	Está bien. No está mal. Estoy de acuerdo. Es aceptable. No es disparatado. Es una buena idea. Es un acierto.

HABER, CABER "DUDA"/ESTAR "SEGURO"/SER "CIERTO"/SER "INDUDABLE"	
Funciones	*Ejemplos*
Certeza.	*No hay duda de que* la inflación disminuirá. *Es cierto que* están endeudados. *¿Está usted seguro que* conviene invertir ahora? *No* me *cabe duda de que* tendremos pérdidas. *Es indudable que* tienen más recursos que nosotros.

1. Coloque el verbo entre paréntesis en la forma correcta del *indicativo* o *subjuntivo*.

APLIQUE LAS REGLAS

● Aconseja que (nosotros, vender) _____ las acciones de Telefónica.

● Yo (recomendar, usted) _____ que invierta en diferentes cosas.

● Yo os recomendaría que (vosotros, haceros) _____ un seguro contra robos.

● Me aconsejó que (abrir) _____ una cuenta a plazo fijo.

● Yo (aconsejarle) _____ que fuese más discreto.

2. Coloque la forma del verbo o la preposición que corresponda.

● Aspira _____ que le compremos otra partida.

● Avisemos _____ fin de que estemos prevenidos.

115

● Les mandaremos información para (ustedes, conocernos)
_____ .

● Le invito a (visitar) _____ nuestros locales.

● Hemos disminuido la publicidad _____ reducir gastos.

3. Coloque la forma correcta del *presente* de *ser* o *estar*, según corresponda.

● No _____ mal su idea, señor tesorero.

● Nosotros _____ de acuerdo con la primera parte del plan.

● Sí, señor, _____ una buena solución.

● ¿Qué le parece el presupuesto? _____ aceptable.

● Me gusta su proyecto. No _____ disparatado.

VI. Lectura

EJERCICIOS

1. Las siguientes personas pueden encontrarse en la Bolsa.

— Apoderados.
— Agentes.
— Representantes bancarios.

— Empleados.
— Curiosos.

● ¿En qué lugar cree que se sitúa cada uno de ellos?

2. La escena siguiente de la Bolsa podría compararse con la de un mercado tradicional. ¿Sabe usted por qué?

3. Lea.

LA BOLSA

La Bolsa de Valores, de Comercio, o simplemente la Bolsa, es el centro del mercado de capitales. En España existen cuatro en las principales ciudades del país: Madrid, Barcelona, Bilbao y Valencia.

A pesar de que desde 1652 existía en la capital de España una Casa de Contratación mandada establecer por Felipe IV, la primera Bolsa con características modernas fue la Bolsa de Comercio de Madrid, creada en 1831, cuando ya existía una en París desde hacía más de un siglo, lo que indica el retraso con que se inició la modernización de la economía española. Posteriormente se abrieron las de Bilbao y Barcelona y, muy recientemente, la de Valencia.

La vida de las Bolsas españolas no ha sido nunca muy activa. El ahorro se dirigía en muy pequeña proporción hacia ellas debido al bajo nivel de la renta, a su desigual distribución, a la fuerte inflación, a la existencia de una banca mixta que facilitaba la financiación de las grandes empresas industriales que controla, al pago por la banca de extratipos libres de impuestos y, por último, a la falta de información del ahorrador privado. A partir de 1966 esta situación se modificó algo al comenzar a operar los fondos de inversión mobiliaria, reanimándose con ellos el mercado de capitales. Posteriormente volvió a caer en una atonía profunda hasta 1981, año en que crecieron sensiblemente las contrataciones bursátiles, cobrando nuevo impulso en 1986.

Los instrumentos financieros que se negocian en las Bolsas españolas, clasificados atendiendo a la plusvalía que generan, la seguridad de la inversión y su rentabilidad a corto y a medio plazo, son de tres tipos: acciones, valores de renta fija y títulos monetarios.

Las acciones son títulos de renta variable; cada una de ellas representa una parte en la propiedad de la empresa que las emite; su rentabilidad, naturalmente, está en función de los resultados obtenidos por la empresa emisora.

Los títulos de renta fija se clasifican en cuatro grupos: bonos, efectos públicos, títulos hipotecarios y obligaciones. Los primeros, emitidos por la banca, son los de más corto plazo de amortización. Entre los segundos se encuentra la deuda pública, las cédulas emitidas por los bancos oficiales y las obligaciones del Estado. Los títulos hipotecarios, de muy reciente creación, se negocian también en mercados paralelos. Finalmente, debemos mencionar los títulos de renta fija emitidos por las empresas —las obligaciones—, cuya importancia en el mercado es muy limitada si atendemos a su volumen de negociación.

Por último, y algo novedoso en las Bolsas españolas, es el mercado de títulos monetarios, compuesto por las letras de cambio y los pagarés, de empresa y del Tesoro. Estos últimos, en los últimos años, han cobrado un peso importante en el mercado bursátil debido a la alta seguridad, fuerte rentabilidad, y elevada liquidez que proporcionan.

COMPRENSIÓN LECTORA

4. Comprensión general.

● ¿Qué función ejerce la Bolsa?

● Explique cuándo y cómo se creó la Bolsa española

● ¿Cómo ha sido la vida activa de la Bolsa española a lo largo de su historia?

● Describa las características de cada uno de los tipos de títulos que se negocian en la Bolsa española.

5. Comprensión detallada.

● ¿Qué factores han influido negativamente en la actividad bursátil española?

● ¿Qué factor ha influido positivamente?

6. Exprésese libremente.

- ¿En qué ciudad de su país existen Bolsas? _____

- ¿Dónde recaba información el ahorrador privado para realizar sus inversiones?

- ¿Cuál es la tendencia general de la Bolsa últimamente en su país?

- Si tuviera que invertir en estos momentos en la Bolsa de su país, ¿qué tipo de títulos elegiría y por qué?

- Existe equivalencia entre los tipos de títulos en España y los de su país.

	Aquí	En su país
Acciones		
Títulos de renta fija		
Títulos monetarios		

VII. Amplíe

1. Estudie las cotizaciones de la Bolsa de Bilbao y resuelva el problema.

Don Baldomero Romeral Torres ganó ayer dinero en la Bolsa de Bilbao. Imagine el tipo de operación que realizó y dígaselo a su compañero. Después su compañero deberá decirle a usted una operación diferente.

BILBAO ÍNDICE GENERAL: 206,69(+0,37)	HOY	AYER
BANCOS	220,91	(N1,05)
500 7 Bilbao	910	910
500 7 Central	685	680
500 7 Banesto	710	690
500 7 Guipuzcoano	520	510
ELÉCTRICAS	182,31	(M3,52)
500 Reunidas	205	190
1.000 7 FECSA	92	90
1.000 Hidro Cantábrico	270	252
QUÍMICAS	227,48	(M10,62)
500 7 Energía Ind. Aragonesas	219	212
500 7 Petróleos	365	390
500 7 FAES	740	720
500 7 Nicas	190	230
INMOBILIARIAS/CONSTRUCCIÓN	170,17	(M0,01)
500 7 Cem. Lemona	600	
500 7 Dragados	395	390
SERVICIOS	184,51	(P)
500 7 Finanzauto	555	
500 7 Telefónica	223	223
ALIMENTACIÓN	132,30	(P)
1.000 7 Koipe	485	
1.000 7 Savin	755	

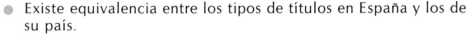

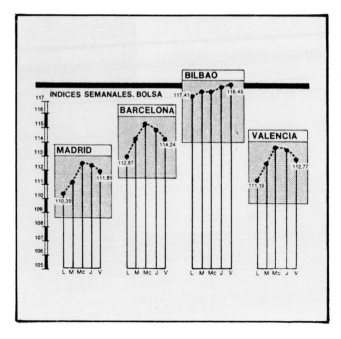

2. Estudie el gráfico y elija las respuestas correctas. Trabaje con su compañero.

- ¿Fué una buena semana bursátil?

- ¿En cuál de las cuatro Bolsas fué mejor semana?

- Explique la respuesta anterior.

3. Conteste.

- En el pasado ¿qué requisitos eran necesarios para poder subastar pagarés de empresa en la Bolsa?

- ¿Cómo procedió RENFE según el texto?

- ¿Por qué la Junta Sindical lo ha permitido?

PAGARÉS

Emisión de RENFE "avalada" por la Junta Sindical de la Bolsa de Madrid

La Junta Sindical de la Bolsa de Madrid se decidió en el transcurso de la semana pasada a permitir la subasta de pagarés de empresa, concretamente de RENFE, sin necesidad de que la sociedad abriera una línea de crédito equivalente en una entidad financiera.

Las emisiones de pagarés de empresa se están desviando fuera del mercado bursátil y la Junta Sindical de Madrid intenta reconquistar este tipo de subastas, mediante el abaratamiento de las emisiones.

Junta Sindical de la Bolsa: órgano que establece las normas internas de funcionamiento de la Bolsa. (*El País*, domingo 25-XI-1984).

11 | LA RENTA NACIONAL

I. Preparación

1. Lea el titular de prensa y conteste.

El Ministro de Economía y Hacienda estima que el P.B.I. crecerá por encima de las previsiones hechas a comienzos de año

● ¿Seremos todos más ricos al finalizar el año? _____

● Explique la respuesta anterior

_____

2. Mire la serie de dibujos y conteste.

A

B

C

D

E

F

G

H

DIBUJOS A y B

● ¿Qué tipo de vida prefiere? Explique.
● ¿Qué tipo de vida exige mayor renta familiar?

DIBUJOS C y D

● ¿Qué trabajo exige mayor esfuerzo?
● ¿Qué trabajo genera más renta?

DIBUJOS E y F

● ¿Generan renta ambos trabajos?
● ¿Podemos prescindir de alguno?
● ¿Es igualmente deseable la intervención de estos trabajos?

DIBUJOS G y H

● ¿Se distribuye la renta igual para todo el mundo?

II. Audición

Ante la lectura de un informe periodístico los diferentes miembros de la familia, padre, madre, abuelo y nieto expresan sus opiniones.

COMPRENSIÓN
AUDITIVA

1. ¿Cuánto subirá el PIB?

2. ¿Qué opinan los siguientes personajes con respecto al crecimiento del PIB? (Una con una línea y deseche lo que no sea adecuado).

Padre:
- Las distancias entre las clases sociales se agrandan.
- No es posible que suba el PIB.
- Todos viven mejor ahora.

Madre:
- Disminuye el número de personas que participa de los beneficios económicos.

Abuelo:
- Aumenta la mendicidad.
- Las nuevas tecnologías exigen mayor número de trabajadores.

3. ¿Aportan soluciones al problema los diferentes personajes? Marque ☒ SÍ o NO y explique en caso afirmativo.

Padre: SÍ ☐   NO ☐
Madre: SÍ ☐   NO ☐
Nieto: SÍ ☐   NO ☐
Abuelo: SÍ ☐   NO ☐

4. Elija ☒ las cualidades o actitudes del abuelo ante las dificultades económicas.

☐ Optimista.   ☐ Le preocupa el paro.
☐ Escéptico.   ☐ Es indiferente al paro.
☐ Pesimista.   ☐ Le preocupa su situación económica.
☐ Solidario.   ☐ Le interesa saber las causas del problema.

5. Perciba en la audición lo que significa...

sin actividad.
tiempo de duración del trabajo diario.
contribución económica a un gasto colectivo.
cantidad mensual que cobran los jubilados.
cargar con los costes.

III. Hable con su compañero

1. Conteste a las preguntas que le haga su compañero con respecto al diálogo escuchado.

CONVERSACIÓN

Usted: ¿Qué dice la prensa?

Su compañero:

Usted: ¿Están los personajes de acuerdo?

Su compañero:

Usted: ¿Quién aporta una solución más realista?

Su compañero:

Usted: ¿Cómo puede arreglarse el problema en tu opinión?

Su compañero:

2. Represente un papel (grupo de cuatro alumnos). Dos alumnos leen los papeles del padre y de la madre. Dos alumnos responden, sin consultar el texto.

IV. Practique la escritura

1. Narre el diálogo (solamente las cuatro primeras intervenciones)

ESCRIBA

2. Imagine una situación semejante: cuatro estudiantes discuten la noticia. "Este año el PIB crecerá más del tres y medio por 100". Escriba el diálogo que mantuvieron (grupo de cuatro alumnos).

DEL DIÁLOGO A LA NARRACIÓN	
Funciones	*Ejemplos*
Narrar actos de habla: preguntar, inquirir, querer saber.	¿*Qué* va a crecer? — Le *preguntó qué* iba crecer.
	¿Vosotros os creéis eso? — Les *preguntó si* se creían aquello.
	¿*Dónde* habrán mirado? — Se *preguntó dónde* habían mirado.
	¿*Cómo* puede arreglarse eso? — *Preguntó cómo* podía arreglarse aquello.
	¿*Por qué* no le dices eso a los empresarios? — Le *preguntó por qué* no decía aquello a los empresarios.
	¿Tienen ustedes delegación aquí? —nos preguntó. — Nos *preguntó si* teníamos delegación allí.
	¿*Cuánto* gana un obrero especializado en España? —me preguntó. — Me *preguntó cuánto* ganaba un obrero especializado en España.
	¿*Quién* es el responsable? —inquirió. — *Inquirió quién* era el responsable.
	¿*Cual* es el más barato? — *Quiso saber cuál* era el más barato.

El relativo QUE	
Usos	*Ejemplos*
Referido a cosa.	Las estadísticas *que* leí. El barco en (el) *que* trabajo.
Referido a persona.	El empleado *que* me atendió. El abogado (al) *que* contrataron. La persona con (*la*) *que* yo colaboraría.
Referido a una idea o acción.	¿Saben *lo que* dicen? *Lo que* tenía que hacer el gobierno. No sé *lo que* opina. Tiene buena memoria para lo que le interesa.

APLIQUE LAS REGLAS

1. Ponga en estilo narrativo.

- ¿Qué pagas de cuota a la Seguridad Social?
  Quiso saber _____

- ¿Cuándo cumple el plazo para la declaración de la renta?
  Me preguntó _____

● ¿Cuánto descuento hacéis sobre el precio de venta?
   Nos preguntaron _____

● ¿Quién es el cabeza de familia?
   Quiso saber _____

● ¿Dónde se puede comprar esa calculadora?
   Le pregunté _____

● ¿Qué títulos son más fácil de vender?
   Les preguntó _____

● ¿Quién ha dicho eso? —quise saber.
   Quise saber _____

● ¿Cuál es el índice de coste de vida?
   Preguntó _____

● ¿Son fiables esas cifras?
   Le pregunté _____

● ¿Hay mucho paro en vuestra región?
   Me preguntó _____

2. Coloque el artículo determinado delante del relativo *que* si es correcto.

● El agente _____ que me compró esas acciones.

● El periódico en _____ que leí la información.

● No les interesa _____ que les ofrecemos.

● Dice _____ que piensa.

● _____ que quiere ir con nosotros al 5 por 100.

● La secretaria con _____ que hablé.

● Se interesa mucho por todo _____ que hacemos.

● Ésta es la zona _____ que conozco mejor.

● La plaza en _____ que tengo más clientes.

● No sé de _____ que se queja.

VI. Lectura

EJERCICIOS

1. Mire las columnas de un solo año y explique.

EVOLUCIÓN DE LA OFERTA (1983-1984)

Miles de millones de pesetas	1983		1984	
	Ptas. corrientes	Ptas. de 1970	Ptas. corrientes	Ptas. de 1970
1. Agricultura y pesca	1.340	350	1.622	385
2. Industria	1.538	1.415	8.454	1.436
2.1. Industria	6.020	1.215	6.815	1.243
2.2. Construcción	1.518	200	1.638	193
3. Servicios	12.606	1.872	14.330	1.911
4. PIB coste factores (4P1M2M3)	21.484	3.637	24.405	3.732
5. Impuestos ligados a la producción .	1.897 }	219	2.249 }	213
6. Subvenciones (−)	−603		−709	
7. PIB precios mercado (7P4M5M6)	22.778	3.856	25.935	3.945

● ¿Por qué existen diferencias en las cifras?

● ¿En qué se diferencian las cifras de la fila 4 de la fila 7?

2. Observe el gráfico y conteste.

PIB Y LOS COMPONENTES DE LA DEMANDA AGREGADA
A precios constantes de 1970

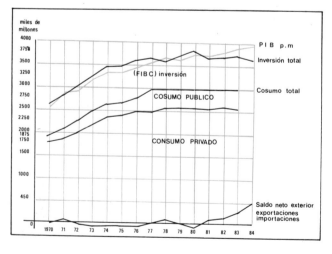

● ¿Qué magnitudes se agregan para contabilizar el PIB?

● ¿Qué nos indica el saldo neto exterior? (Ayúdese del vocabulario: *déficit, excedente*).

● ¿Qué nos indican las curvas del consumo público y privado? (Ayúdese del vocabulario: *administración, estancamiento*).

● ¿Qué nos indica la curva de inversión? (Ayúdese del vocabulario: *incremento moderado*).

3. Lea.

LA RENTA NACIONAL

Normalmente hablamos de renta nacional (RN) o de renta "per cápita" para referirnos al grado de desarrollo de un país o al nivel de bienestar de sus habitantes. En términos generales estas expresiones son suficientes para entendernos, pero al economista le gusta y le es necesario precisar más. Hoy en día en las estadísticas económicas se habla de Producto Nacional Bruto (PNB) o de Producto Interior Bruto (PIB), en términos absolutos o "per cápita".

Las series históricas de estas magnitudes y las de sus componentes nos ofrecen una idea bastante aproximada del proceso económico del país, pero para ello deben estar expresadas en pesetas constantes de un año concreto, es decir, devaluando la tasa de inflación, o de deflación en el improbable caso inverso.

A la vista de sus cifras, es fácil observar cómo en España la actividad productiva evolucionó lánguidamente después de la guerra civil. Posteriormente, en 1960, tras superarse las duras condiciones que impuso el llamado "Plan de Estabilización" de 1959, por el que se abandonó la obsoleta y absurda política de autarquía económica, se inició un período de rápido despegue. La "prodigiosa" década de los sesenta fue la del desarrollo. En España se entró en una auténtica fase de euforia nacional. Desde las instancias oficiales se elaboraron optimistas Planes de Desarrollo, referidos a un período de cuatro años, con los que la prosperidad parecía oficialmente asegurada y el optimismo cundía por doquier. Es cierto que el PIB creció considerablemente y que el país entró de lleno en el mundo industrializado; pero también es verdad que fue a costa de cientos de miles de trabajadores que, ociosos por la modernización agrícola y no pudiendo ser absorbidos por las nuevas industrias, tuvieron que emigrar. Por otro lado, el desarrollo económico no tuvo nada que ver con la planificación, y las nuevas industrias crecieron de forma desordenada y salvaje, de espaldas al futuro. En efecto, la crisis económica, que se manifestó claramente a partir de 1973, cogió al sistema productivo totalmente desprevenido y con poca capacidad de respuesta. El estancamiento se hizo notar de forma cruel, y entre 1975 y 1983 el incremento del PIB sufrió un fuerte frenazo, rondando las tasas reales de crecimiento al 1 por 100 anual.

Al mismo tiempo, al igual que otros países de Europa, otro fenómeno se manifestó con más fuerza que nunca, el de la economía sumergida u oculta. Muchas empresas, sobre todo en determinados sectores manufactureros como el textil, el calzado, la juguetería, etc., para hacer frente a la crisis y mantener los beneficios decidieron realizar sus actividades de forma clandestina, reduciendo así sus costos, sobre todo en el importante capítulo de la Seguridad Social. La magnitud que representa este tipo de producción es difícil de calcular, pero se estima que en 1980 pudo alcanzar al 25 por 100 de la población activa.

La fuerte incidencia de la economía sumergida, y el hecho de que bienes libres lleguen a escasear, contabilizándose como económicos, son causa de que las macromagnitudes económicas pierdan fiabilidad como indicadores de bienestar. Pensemos que auténticas desgracias nacionales, como puede ser una grave intoxicación colectiva, hacen crecer el PIB, dado su alto coste económico, o bien que los gastos ocasionados para devolver la Naturaleza a su estado "natural" también se contabilicen como generadores de una "nueva riqueza".

No hay que olvidar, por último, que en un país tan variado como España, la renta se distribuye de modo muy irregular, siendo las provincias periféricas y la región de Madrid las que acumulan mayor riqueza, por lo que las macromagnitudes, para ser significativas, deben referirse a ámbitos geográficos menores que el nacional.

4. Comprensión general.

- Elija la denominación más apropiada para describir el bienestar de un país.

  ☐ PN.   ☐ Renta "per cápita".
  ☐ RN.   ☐ PIB "per cápita".

- ¿Qué reflejan las series históricas de las macromagnitudes de un país?

- Se le proporcionan características de la economía en diferentes etapas. Escriba las fechas correspondientes, según el texto.

  Desarrollo. _____   Estabilización. _____
  Crisis. _____   Autarquía. _____

- ¿Qué consecuencia de la crisis se menciona en el texto?

- Diferencie entre bienes libres y económicos. Ilustre con ejemplos.

BIENES LIBRES	BIENES ECONOMICOS

5. Comprensión detallada.

- Explique la diferencia entre "absoluto" y "per cápita" tal como se usa en el texto.

- Escriba una frase que ilustre las características de cada etapa:

  Desarrollo. _____
  Crisis. _____
  Estabilización. _____
  Autarquía. _____

- ¿Qué sectores son más proclives a producir de forma clandestina?

- ¿Por qué crece la renta sin aumentar el bienestar?

● Recuerde las conclusiones sacadas de la serie histórica leída y analice los datos del mapa. ¿Es la conclusión aplicable a toda España? Analice.

6. Exprésese libremente. Hable con su compañero.

● ¿Entró su país en una crisis económica hacia 1973? En caso afirmativo mencione tres efectos.

USTED		SU COMPAÑERO
	SÍ	
	NO	

● ¿Pierden significación en su país las macromagnitudes como indicadores de bienestar?

7. Dé vocablos o frases con significados contrarios a los que se le presentan. Búsquelos en el texto.

Pobreza.
Estancamiento.
Revaluar.
Frenazo.
Ordenado.
Actividad declarada.
Micromagnitud.

VII. Amplíe

1. Observe el mapa y conteste a las preguntas.

RENTA FAMILIAR DISPONIBLE («per cápita»)

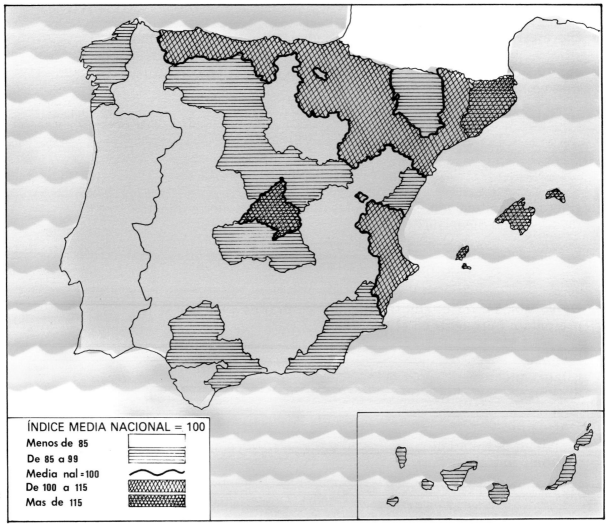

ÍNDICE MEDIA NACIONAL = 100

Menos de 85	
De 85 a 99	
Media nal = 100	
De 100 a 115	
Mas de 115	

● ¿En qué zonas de la geografía española la renta "per cápita" es más elevada. Diga alguna causa.

● ¿Qué zonas tienen menor nivel de renta "per cápita"' Añada alguna causa.

● Busque un mapa de su país o región e indique las zonas de mayor renta y explique las causas.

RENTA FAMILIAR DISPONIBLE (PER CÁPITA)		
		Índice
	Ptas.	Media Nacional = 100
Baleares	473.654	129
Barcelona	454.598	124
Gerona	450.998	123
Madrid	450.118	123
Álava	412.058	113
Zaragoza	398.584	109
Valencia	394.504	108
Tarragona	394.074	108
Guipúzcoa	390.654	107
Lérida	390.168	107
Oviedo	383.238	105
Rioja (La)	381.618	104
Navarra	373.078	102
Santander	371.764	102
Vizcaya	368.667	101
Alicante	366.632	100
Castellón	352.131	96
Valladolid	345.869	95
Pontevedra	335.202	92
Palmas (Las)	332.327	91
León	331.151	90
Coruña (La)	329.240	90
Huesca	325.104	89
Guadalajara	320.385	88
Almería	316.413	86
Sta. Cruz Tenerife	316.410	86
Sevilla	316.257	86
Málaga	316.129	86
Palencia	313.773	86
Murcia	311.157	85
Segovia	311.086	85
Toledo	309.703	85
Salamanca	302.955	83
Ávila	302.498	83
Lugo	294.735	81
Burgos	294.698	81
Cádiz	293.813	80
Jaén	292.178	80
Teruel	286.686	79
Córdoba	284.152	78
Orense	270.843	76
Zamora	278.345	76
Cáceres	277.222	76
Ciudad Real	276.097	75
Soria	275.078	75
Granada	271.721	74
Huelva	268.999	74
Albacete	261.676	72
Badajoz	252.843	69
Cuenca	251.211	69
	365.967	100

TOTAL MEDIA
Más de 115   De 85 a 99
De 100 a 115   Menos de 84
Media Nacional = 100

2. Lea el texto y conteste.

En la formulación de la renta nacional hemos visto que «es la corriente de bienes y servicios recibidos por una comunidad económica durante un período de tiempo determinado». Pero del mismo modo podríamos habernos referido a corriente de bienes y servicios «producidos» o «gastados». Así pues, esa corriente puede enfocarse según cada uno de los tres momentos de su flujo como producto, ingreso o gasto.

Tamames, Ramón
Estructura Económica de España,
Alianza Ed., Madrid 1985,
Decimosexta edición, p. 522.

● Además de los bienes, ¿qué otros elementos integran la renta nacional?

● ¿En qué tres momentos se puede medir la renta nacional?

● ¿Por qué se habla de flujo y no de "stock"?

I. Preparación

 EJERCICIOS

1. **Simultáneamente a la entrada de España a la CEE, se implantó el IVA (Impuesto sobre el Valor Añadido). Surgieron diversas reacciones por parte de empresarios, comerciantes y consumidores. Las siguientes portadas reflejan el momento.**

A

* Solchaga: Ministro
de Hacienda en el momento.

B

Lea los titulares de las portadas A y B y amplíe la información que apuntan:

FOTO A

- Escriba tres verbos que le sugiera la frase "Sheriff del IVA".
  1. _____
  2. _____
  3. _____

- Escriba con esos verbos tres frases que describan obligaciones del Ministerio de Hacienda en el momento.
  1. _____
  2. _____
  3. _____

- Explique la frase "el que dispare los precios pagará las consecuencias".
  _____
  _____

FOTO B

- Describa la foto.
  _____
  _____
  _____

- ¿Cree la revista *Tiempo* las palabras del Ministro? Explique su respuesta.
  _____
  _____
  _____

- ¿Qué actitud tiene la consumidora ante el IVA?
  _____
  _____

2. ¿Qué significa el Mercado Común?

De la lista que se le proporciona marque V las afirmaciones verdaderas y F las falsas.

- ☐ Libre circulación de mercancías.
- ☐ Trabas de los movimientos de capitales.
- ☐ Oferta muy variada al consumidor.
- ☐ Sistema fiscal sólo con impuestos directos.
- ☐ Incremento de la competencia.
- ☐ Protección a la agricultura de los países miembros.
- ☐ Mayores aranceles entre países miembros.
- ☐ Un arancel común frente a terceros.
- ☐ Rigor en normas de control de calidad.
- ☐ Centralización de la economía de los países miembros.

ENDEUDAMIENTO DE LOS PAISES DE LA CEE
(EN TANTOS POR CIENTO DEL PIB)

MEDIA CEE 12
61.2

FUENTE: Economie Europeene, n. 33

II. Audición

**En una cafetería tres amigos, Felipe, Tomás y Luis, discuten so-
bre ventajas y desventajas de estar en el Mercado Común.**

**1. Anote los argumentos usados por los interlocutores para señalar
las ventajas o desventajas de ser país miembro de la CEE.**

COMPRENSIÓN
AUDITIVA

	Argumentos a favor	Argumentos en contra
Tomás		
Felipe		
Luis		

2. Tomás menciona las ventajas de los impuestos y Felipe los inconvenientes. Enumérelos.

TOMÁS   FELIPE

III. Hable con su compañero

CONVERSACIÓN   **Después de la conversación entre los tres amigos, Luis se marchó y Felipe y Tomás continuaron su discusión. Represente con su compañero el papel de Felipe y Tomás. Emplee las frases que se le dan abajo.**

VENTAJAS   DESVENTAJAS

Oferta de trabajo más variada.   Mayor competencia en el mercado de trabajo
Mayor estabilidad del mercado.   Mayor dependencia de decisiones del exterior.

IV. Practique la escritura

ESCRIBA   **Comente las líneas siguientes tomadas de un diccionario. Elija un país de la Comunidad Económica y compruebe si los puntos mencionados son realidades. Complete el párrafo iniciado.**

Su finalidad (de la CEE) es la instauración de un mercado común, la promoción de desarrollo armónico de las actividades económicas de la Comunidad, la expansión continua y equilibrada, la estabilidad creciente y el incremento del nivel de vida.

Nueva Enciclopedia Larousse.
V. 4, p. 3741

En (elija un país)

se cumplen (todas / algunas de / ninguna de)

las condiciones aquí mencionadas.

Así,

V. Gramática

QUÉ (EXCLAMATIVO)	
Función	*Ejemplos*
Expresar desacuerdo.	¡*Qué* tonterías! ¡*Qué* disparate! ¡*Qué* va! ¡*Qué* error! ¿*Qué* nos beneficia en nuestra vida diaria?

NO/prefijos negativos (DES-, IN-, A-, DE-)/palabras negativas (FALTAR, IGNORAR)	
Función	*Ejemplos*
Expresar negación.	*No* sé. *No* saques las cosas de quicio. *No* todo se reduce al IVA. *No* me hables de la competencia. Estoy *des*informado. Su gestión es *in*eficaz. Es muy *a*normal. *Ignoro* lo ocurrido. *Faltan* los expedientes de exportación.

MÁS-MENOS/MEJOR-PEOR	
Función	*Ejemplos*
Comparación.	¿Es este vaso de leche *mejor* o *más* barato? ¿Acaso era aquella leche *peor*? El IVA es *más* justo que el ITE. Es un impuesto *menos* popular. Son inversiones *menos* rentables.

MÁS-MENOS	
Función	*Ejemplos*
Cantidad.	*Más* instalaciones. *Más* riqueza. *Menos* escuelas, menos comunicaciones. *Menos* empleo, menos pobreza.

**1. Complete la frase incompleta para significar igual que la que es-
tá encima.**

Ejemplo: *Eso es una estupidez.*
¡Qué estupidez!

● Lo considero una insensatez.
¡Qué —————————— !

● ¡Qué estupidez!
Me parece ——————————

● Habéis cometido una equivocación.
¡Qué —————————— !

● ¡Qué desacierto!
Es ——————————

● Es una falta de visión.
¡Qué —————————— !

**2. Exprese la idea contraria empleando la negación verbal con *no*,
prefijos negativos, palabras contrarias.**

Ejemplo: *El aire es puro.*
a) El aire es impuro.
b) El aire está contaminado.
c) El aire no es puro.

● Son fibras artificiales.
a) ——————————
b) ——————————
c) ——————————

● Allí el cambio de divisas es legal.
a) ——————————
b) ——————————
c) ——————————

● Son gastos necesarios.
a) ——————————
b) ——————————
c) ——————————

● La balanza de pagos está equilibrada.
a) ——————————
b) ——————————
c) ——————————

● Estamos conformes con esa liquidación.

a) _____

b) _____

c) _____

3. **Coloque _más, mejor, menos, peor,_ según corresponda.**

● La enseñanza en las escuelas es hoy sin duda _____ amena, _____ aburrida que hace treinta años. También tenemos ahora _____ y _____ escuelas, pero la calidad de la enseñanza es quizá _____ que antes, cuando se disponía de _____ y _____ medios; y esto se debe seguramente a la masificación de las aulas. Necesitamos muchas _____ escuelas.

VI. Lectura

1. **Observe el mapa y escriba los nombres de los países de la CEE atendiendo a su dimensión, y ordenados de mayor a menor. Escriba también el nombre con que se conocen sus habitantes.** EJERCICIOS

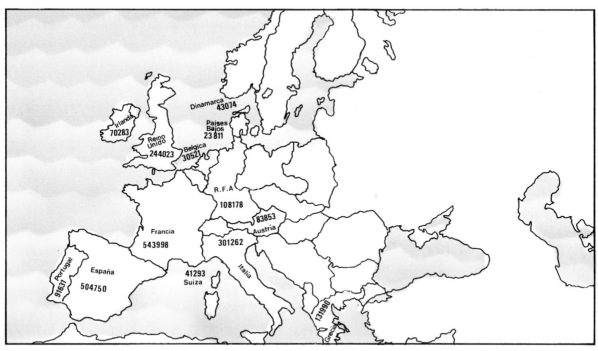

PAÍSES · DENOMINACIÓN DE HABITANTES

137

2. Estudie los datos y exponga las variaciones que observe entre las tres fechas.

COMPOSICIÓN DEL COMERCIO DE ESPAÑA CON LA CEE (En %)	1967 (1)	1975 (2)	1984 (3)
EXPORTACIÓN			
Alimentos, bebidas y tabacos	47,08	29,63	16,46
Materias primas	15,04	5,69	4,02
Combustibles y lubricantes	7,61	4,67	11,06
Productos químicos	5,62	4,14	5,68
Manufacturas	20,65	35,91	27,72
Maquinaria y mater. transp.	4,00	19,96	35,06
Total exportación	100,00	100,00	100,00
IMPORTACIÓN			
Alimentos, bebidas y tabacos	6,94	5,33	5,79
Materias primas	6,48	7,47	10,24
Combustibles y lubricantes	2,57	3,33	6,24
Productos químicos	14,13	16,19	15,94
Manufacturas	26,45	27,63	40,13
Maquinaria y mater. transp.	43,43	40,05	21,66
Total importación	100,00	100,00	100,00

(1) Seis miembros.
(2) Nueve miembros.
(3) Diez miembros.

En 1967.

En 1975.

En 1984.

3. Lea.

ESPAÑA Y EL MERCADO COMÚN

En julio de 1977 el Ministro de Asuntos Exteriores español presentó ante el Consejo de Ministros de las Comunidades Europeas la solicitud de adhesión a la Comunidad del Carbón y del Acero (CECA), a la Comunidad Económica Europea (CEE) y a la Comunidad Económica de la Energía Atómica (CEEA, EURATON).

Se inició así un proceso que culminaría con la plena integración de España en Europa, una vez superados los obstáculos políticos que la habían mantenido alejada del concierto de naciones occidentales. La fecha de adhesión fue el 1 de enero de 1986.

Tras la Segunda Guerra Mundial, España entró en un período de aislamiento internacional, de tal manera que ni participó en el Plan Marshall, ni se incorporó a la OECE (actual Organización de Cooperación y Desarrollo Económico) hasta 1959. Como consecuencia, fue condenada a un rígido bilateralismo económico, mientras que el resto de Europa Occidental avanzaba por los caminos de la cooperación. Posteriormente, cuando se pasó de la cooperación a la integración, tampoco se tuvo en cuenta a España. La CEE y la EFTA (Asociación Europea de Libre Cambio) no manifestaron ningún interés en conseguir su adhesión. Las razones eran claramente políticas: la falta de democracia del régimen español; "detalle" éste que fue olvidado en 1962, cuando España solicitó la apertura de negociaciones de asociación con vistas a una futura integración.

A pesar de los problemas políticos, la economía española se acercaba paulatinamente a Europa. Se hacía necesario normalizar las relaciones hispano-comunitarias, lo que llevó a la firma del Acuerdo Preferencial España-CEE en 1970, mediante el cual se estableció un sistema de preferencias por ambos lados con vistas a la supresión progresiva de los obstáculos en los intercambios. Dicho acuerdo, con ciertas modificaciones, se encontraba en vigor cuando el 16 de julio de 1977 se celebraron las primeras elecciones libres españolas desde 1936. Superados así los obstáculos políticos, se posibilitó el comienzo de las conversaciones de índole económica con vistas a la adhesión.

Las razones para la integración de España en Europa son de tres clases: geográficas, históricas y económicas. Las dos primeras se basan en el hecho de que la Península Ibérica forma parte del territorio europeo. De esta razón se derivan otras de carácter humano e histórico. A·éstas hay que sumar las de índole económico, que son fundamentales, puesto que las exportaciones españolas a los países de la Comunidad constituyen una parte muy considerable del total, cerca del 60 por 100. La cifra se refiere principalmente a productos agrícolas típicamente mediterráneos —frutas, hortalizas, vinos y aceites—, aunque actualmente la producción industrial española tiene un gran peso en la exportación. Por último, no pueden silenciarse los lazos creados por la emigración laboral española a los países de la CEE, el intenso turismo europeo y los crecientes vínculos financieros y empresariales que, sobretodo, a través de las compañías transnacionales, relacionan a España con la Comunidad Económica Europea.

El proceso de integración de España, iniciado con lentitud y prudencia en enero de 1986, con el tratado de adhesión, experimenta luego un ritmo más dinámico por efecto del Acta Única, nuevo tratado que ha de entrar en vigor en diciembre de 1992. Con él caerán muchas de las barreras físicas, técnicas y fiscales aún existentes en el seno de la Comunidad.

4. Comprensión general.

- ¿Cuánto duró el proceso de negociación para la integración de España en las CC.EE? _____

- Explique la causa fundamentai del tardío ingreso de España en las CC.EE? _____

- ¿Por qué son importantes los años 1970 y 1977? _____

- Elija ⊠ las razones por las cuales España encaja naturalmente dentro de las Comunidades Europeas.

  - ☐ Existen muchos lazos familiares entre los españoles y ciudad- nos del resto de los países de las comunidades.
  - ☐ Existen antecedentes políticos y culturales comunes.
  - ☐ España es parte del continente europeo.
  - ☐ España participa en proyectos de abastecimiento al Tercer Mundo junto con países miembros de la comunidad.
  - ☐ España pertenece a la CEE.
  - ☐ El comercio entre España y el resto de los países de la CEE es muy elevado.
  - ☐ Existía ya un cierto grado de integración económica a través de las compañías transnacionales.
  - ☐ Sólo pueden entrar en España turistas de países de la Comunidad Europea.

5. Comprensión detallada.

- ¿Por qué hablamos de Comunidades? _____

DESTINO DEL GASTO
DE LAS COMUNIDADES AUTÓNOMAS,
AYUNTAMIENTOS Y DIPUTACIONES

Política comer. y financiera 4.8
Sanidad 4.4
Educación 27.3
Vivienda 17.2
Deuda Pública 5.5
Agricult. Indust. 8.1
Admón. General 9.7
Comunicaciones 9.4
Seguridad y protección civil 3.7
Protección social 11.9
(en tantos por ciento sobre el total)

- ¿Qué instrumentos de cooperación supranacional han operado en Europa desde la Segunda Guerra Mundial? _____

- ¿Qué relación tuvo España con ellos? _____

* Obsérvese cómo se pluralizan las siglas: CC.EE (Comunidades Europeas).

● ¿Qué significa el Acuerdo Preferencial? _____

_____

_____

6. Exprésese libremente.

● ¿A qué organizaciones supranacionales de índole económica pertenece su país?

_____

● Compare el cuadro de la página 138 con uno similar referido a su país. Explique semejanzas y diferencias.

_____

_____

_____

7. Explique los siguientes vocablos o frases.

Solicitud. _____

Adhesión. _____

Bilateralismo económico. _____

Acuerdo Preferencial. _____

Plena integración. _____

VII. Amplíe

1. Lea y conteste a las preguntas.

● ¿Por qué es beneficiosa la integración económica cuando se importa lo mismo que se exporta?

_____

_____

● ¿Qué entiende el autor por comercio intraindustrial?

_____

_____

Importamos productos industriales y exportamos también, fundamentalmente, productos industriales. Lo cual significa que las posibilidades de comercio mutuo son muy amplias —la demanda de productos industriales presenta una elasticidad-renta mucho mayor que la de productos agrícolas—, tanto más cuanto que existe, en determinados campos, un grado sustancial de comercio intraindustrial.

Requeijo, Jaime.
"Estación de llegada, estación de partida", en
Papeles de Economía Española, núm. 25, Madrid
1985, p. 7.

I. Preparación

EJERCICIOS

1. Estudie el dibujo atentamente y responda.

● ¿Qué representa la imagen?

● Coloque en cada casilla el número que le corresponde a cada vocablo.

☐ Contenedor.	☐ Almacén.
☐ Grúa.	☐ Muelle.
☐ Barco mercante.	☐ Barco remolcador.

● Enumere diferentes actividades que se pueden llevar a cabo en el lugar de la imagen.

2. Inspírese en los dibujos para responder.

● ¿Qué medios de transporte se utilizan en el transporte internacional?

_____

_____

● Piense en productos adecuados para ser exportados en cada medio de transporte y conteste.

Por _____

se exporta/n preferentemente _____

II. Audición

Un empleado nuevo le pregunta a otro más veterano qué pasos hay que tomar para formalizar la exportación de un pedido de perfiles de acero.

1. Escuche y marque ⊠ la respuesta correcta.

COMPRENSIÓN AUDITIVA

¿Qué problema tiene uno de los interlocutores?

☐ Utiliza formularios equivocados.

☐ Desconoce los impresos necesarios para la exportación.

☐ No puede exportar a la Comunidad Económica Europea.

2. Complete, con la información que oiga, los formularios A y B (no se proporcionan todos los datos).

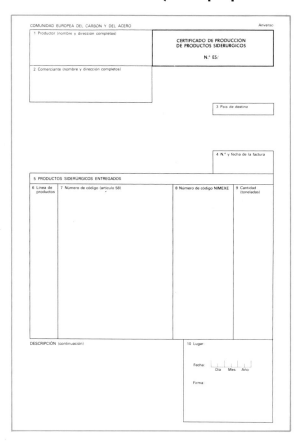

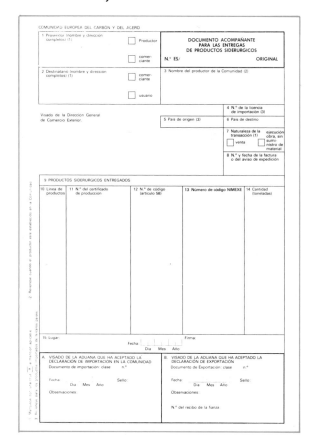

III. Lectura

EJERCICIOS

1. Estudie los recuadros y complete el gráfico que se le da. Compruebe con su compañero.

PRINCIPALES PRODUCTOS IMPORTADOS EN 1985		
Productos	**Mill. Pts.**	**%**
1. Petróleo	1.470.264	28,98
2. Derivados del petróleo	159.733	3,15
3. Accesorios de vehíc.	126.984	2,50
4. Chatarra	113.656	2,24
5. Ordenadores	110.374	2,18
6. Acces. de ordenadores	97.854	1,93
7. Maíz	83.956	1,65
8. Gas natural y artificial	82.317	1,62
9. Semillas oleaginosas	80.083	1,58
10. Hulla, lignito y turba	74.409	1,47
Resto	2.673.609	52,70
Total	5.073.239	100,00

PRINCIPALES PRODUCTOS EXPORTADOS EN 1985		
Productos	**Mill. Pts.**	**%**
1. Automóviles	360.977	8,79
2. Derivados del petróleo	335.579	8,18
3. Barras, varillas de hierro y acero	196.985	4,80
4. Frutas y nueces	144.767	3,53
5. Calzado	138.930	3,39
6. Accesorios de vehículos	114.959	2,80
7. Planos, chapas y planchas de hierro o acero	83.776	2,04
8. Ordenadores	78.881	1,92
9. Legumbres y hortalizas	77.720	1,89
10. Aceites de origen vegetal	77.164	1,88
Resto	2.494.405	60,78
Total	4.104.143	100,00

	Productos	Importaciones	Exportaciones
Energéticos	Petrolíferos		
	No petrolíferos		
No energéticos	Agricultura		
	Vestido y calzado		
	Productos metálicos		
	Maquinaria		
	Material transporte		
	Resto		

2. Lea.

EL SECTOR EXTERIOR

Fuera de España, cuando se habla de productos españoles, se mencionan inevitablemente las naranjas, el aceite de oliva, los ajos y cebollas y el vino de Jerez. Tradicionalmente, éstos han sido los productos exportados. El panorama hoy es algo diferente. El espíritu comercial de algunos empresarios levantinos fue el gran promotor de este tipo de exportaciones; el objetivo primordial era dar salida a los cítricos. Si bien es cierto que estos productos son esenciales en la buena cocina y en pequeños placeres del buen vivir fuera de nuestro país, en la actualidad su peso específico es muy inferior al que representan los automóviles, algunos derivados del petróleo, barcos, calzado y cierto tipo de aceros especiales. En pocas palabras, hemos pasado de exportar mayoritariamente productos agrícolas a exportar productos industriales, como cabría esperar de la evolución seguida por el conjunto del sistema productivo.

El destino de las exportaciones españolas son los países de la CEE, los cuales adquieren aproximadamente el 50 por 100 de las ventas al exterior, seguidos en orden de importancia por los EE.UU y algunos países árabes.

A pesar de que el volumen de estas exportaciones ha crecido considerablemente, el incremento de las importaciones ha sido aún superior; por tanto, ha seguido aumentando el déficit crónico de nuestra balanza comercial. No cabe duda que el gran culpable de esta situación es el alto precio que hay que pagar por los crudos petrolíferos, que representan aproximadamente el 30 por 100 de las importaciones. No obstante, hay otras causas: España incrementa la compra de productos agrícolas y además carga con los costos de la falta de tecnología propia.

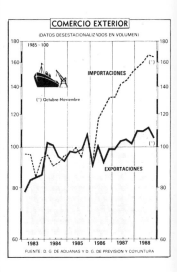

Los EE.UU son nuestro principal proveedor: nos surten de productos industriales y considerables cantidades de maíz, soja y pienso para nuestra cabaña ganadera. Les siguen algunos países de la CEE y, naturalmente, los exportadores de petróleo: Méjico, Irán, Arabia Saudí, Libia, etc.

El déficit de la balanza comercial, a pesar de los ingresos por turismo, se mitiga en parte mediante transferencias, nutridas mayoritariamente por remesas de emigrantes en distintos países europeos. La insuficiencia de esta partida se traduce en un saldo negativo en la balanza por cuenta corriente, que es necesario cubrir mediante entradas de capital a largo plazo, obligando al país a endeudarse. En caso de resultar este saldo también negativo, es decir, en caso de ser insuficientes las inversiones extranjeras, aparecerá un déficit en la balanza básica, que será saldado con movimientos de oro monetario y divisas, quedando, necesariamente desde un punto de vista contable, equilibrada la balanza de pagos.

COMPRENSIÓN
LECTORA

3. Comprensión general.

● Busque en el texto de lectura información que apoye la frase "hemos pasado de exportar mayoritariamente productos agrícolas a exportar productos industriales".

1.
2.

● Indique por qué razón se ha incrementado el déficit de la balanza comercial española.

● ¿Recibe España un trato recíproco de los países a los que exporta? Busque la explicación en el texto.

● ¿Qué balanzas parciales están incluidas en la balanza de pagos?

4. Comprensión detallada.

● Enumere diferentes factores de dependencia económica.

● ¿Qué partidas se contabilizan en cada balanza?

5. Exprésese libremente.

- Pregúntele a su compañero qué productos españoles se consumen en su país. Después su compañero le pregunta a usted. Anótelo.

En su país	En el de su compañero

- Discuta si el consumo anterior responde a la realidad exportadora de España.

- Vaya por tiendas y busque productos importados. ¿Qué le indica esto? Escriba un informe.

IV. Amplie

1. Practique la correspondencia comercial.

- Lea la carta de la derecha.

- La carta aquí inserta es contestación a una anterior del señor Andersen, importador de objetos de decoración. *Escriba* usted esa carta.

- Afiance el vocabulario.

Los costos de un producto lo componen números factores. De la lista que se le da, ¿cuál de ellos incrementa el precio del producto que se importa o exporta? Marque ☒.

☐ Distribución.

☐ Impuesto a consumo (IVA) del país importador.

☐ Transporte hasta puerto destino.

CERÁMICAS TALAVERA, S.A.
Carretera de Cáceres, 103
Talavera de la Reina (Toledo)
ESPAÑA

Sr. C. ANDERSEN
H.C. OERSTEDSVEJ, 59
COPENHAGUE
DINAMARCA

17 de septiembre de 1986.

Muy Sr. nuestro:

Recibimos su carta del 10 del presente en la que especifica la forma de pago elegida entre las tres posibilidades que le ofrecimos en carta nuestra del 15 de agosto. De acuerdo con la fórmula por usted elegida, nuestros precios incluirán el transporte hasta el puerto de desembarque. El seguro deberá ser gestionado por ustedes y correrá a su cargo. CERÁMICAS TALAVERA no se responsabilizará de ningún gasto posterior al desembarque de las mercancías.

Las condiciones de pago, por carta de crédito, son tal como usted aceptó en su carta: el 50 por 100 al envío de las mercancías; el resto, en tres plazos, a 30, 60 y 90 días después de la recepción de las mercancías.

El pedido podrá enviarse a partir del mes de noviembre.

Esperando noticias suyas notificándonos la fecha de expedición que les parezca más conveniente, le saluda atentamente,

Fdo.: Valentín Iglesias
Jefe de Ventas
Departamento de Exterior

- ☐ Precio en fábrica.
- ☐ Seguro.
- ☐ Salario de los aduaneros.
- ☐ Embarque en puerto de origen.
- ☐ Cuentas de teléfono de autoridades portuarias.
- ☐ Transporte hasta puerto de origen.
- ☐ Empaquetado.
- ☐ Desembarque en puerto de destino.
- ☐ Aranceles.
- ☐ Transporte hasta la dirección del importador.
- ☐ Impuesto al consumo (IVA) del país exportador.

C.I.F.: Código de Identi-
ficacion Fiscal.
D.N.I.: Documento Na-
cional de Identi-
dad.

2. Rellene las casillas del siguiente formulario teniendo en cuenta que usted exporta motores a Túnez, al señor Ben Harmel, con domicilio en 18 Avenue Taieb Meriri. Túnez.

**DIRECCION GENERAL
DE ADUANAS E
IMPUESTOS ESPECIALES**

EX

ANEXO N.º 1

Número de identificación EX unidos	EXPORTADOR		C.I.F. ó D.N.I.	REGISTRO ADUANA - AÑO - NUMERO
			Código Admon. Hacienda	

DECLARACION DE EXPORTACION

1

DESTINATARIO			N.º 0419646 0
			Fecha registro
DECLARANTE		Código	País de procedencia
			País de origen
Provincia de origen	Código	Lugar de carga	Regimén aduanero procedente
Situación de la mercancía			Valor total reembolso / Código
Identificación medio de transporte - CONTENEDORES			Valor FOB contado pesetas
			Plazo reembolso

1

Marcas, numeración, número y naturaleza bultos, designación mercancía	Unidades estadísticas
Certificado de exportación / Núm. de factura	Valor de factura

2

Marcas, numeración, número y naturaleza bultos, designación mercancía	Peso neto	Peso bruto
Certificado exportación / Núm de factura	Valor de factura	

DOCUMENTOS UNIDOS:	DECLARACION DEL EXPORTADOR. Comprensiva de partidas de orden que en cumplimento de las prescripciones reglamentarias suscribe el firmante en su condición de:
	Exportador .... ☐ 1
	Agente de Aduanas { en nombre propio ☐ 2 / en nombre del exportador ☐ 3
	Para la exportación de las mercancías a que se refiere este documento
	En .... a ....
	(Nombre, Apellidos o razón social y firma)

3. Rellene la factura debidamente.

El ingenioso hidalgo Don Quijote de la Mancha
18 ejemplares, 2.500 pesetas la unidad.

Atlas geográfico de España
20 ejemplares, 3.000 pesetas la unidad.

Historia de la España moderna y contemporánea
12 ejemplares, 2.300 pesetas la unidad.

Se envían al Departamento de Español de la Universidad de Upsala, Suecia.

EXPORTADOR:

NUMERO D. E. R. E.

NUMERO IDENT. FISCAL o D. N. I.:   A RELLENAR POR FEDECALI   CAMARA DEL LIBRO DE MADRID

Destinatario		FACTURA N.°	
Dirección		Venta en	
Población y País		ADUANA	
Total Pesetas	Partida Arancelaria	Forma de envío	
Total Divisas	Cambio	Número bultos	Marcas
Valor Estadístico Ptas.		Peso neto	Bruto
Valor F. O. B. Divisas	Forma y Plazo de cobro	Condición comercial del exportador	

Por los géneros detallados a continuación pedidos por mediación de _____ y remitidos por su cuenta y riesgo. Declaramos que los precios que figuran en la presente factura constan en catálogo y son normales en el mercado.

FIRMA Y SELLO DEL TITULAR O PERSONA AUTORIZADA,

_____ a ___ de _____ de 19 ___

Cantidad	TITULO	Precio	Total

TEXTOS GRABADOS

UNIDAD 1

DIÁLOGO: **COMPRANDO LA PRENSA.**
SITUACIÓN: **En un quiosco de periódicos en la plaza de Cibeles.**
PERSONAJES: **Vendedor de periódicos y comprador.**
LENGUA: **Cortés, informativa.**

Comprador:	Buenas...
Vendedor:	Buenos días.
Comprador:	¿Tiene algún periódico de información económica?
Vendedor:	Todos los diarios tienen una sección económica. Se ve que es un tema que preocupa mucho.
Comprador:	No, yo quiero uno específico.
Vendedor:	Pues entonces llévese *Cinco Días,* y... los lunes sale *El Nuevo Lunes,* también dedicado a la economía y el mundo de la empresa.
Comprador:	Y de revistas, ¿qué tiene?
Vendedor:	De ésas hay muchas..., mensuales, semanales... y algunas hasta trimestrales.
Comprador:	Bueno, me llevo *Cinco Días* (paga). Ah, por cierto, ¿me podría decir cómo se va de aquí a la calle Sevilla?
Vendedor:	Muy fácil. Cruce por el paso de peatones subterráneo y salga a la calle de Alcalá, pares*. Luego tire hacia arriba hasta que llegue a la primera ancha dónde está el Banco de Bilbao. Allí tuerza a la izquierda. Ésa es la calle. No tiene pérdida.
Comprador:	Muchas gracias.

* pares: lado de la calle donde la numeración es par; el lado opuesto se denomina de los "impares".

UNIDAD 2

DIÁLOGO: **PLANES PARA EL FUTURO**
SITUACIÓN: **En el club de emigrantes en Suiza.**
PERSONAJES: **Tres amigos.**
LENGUA: **Familiar.**

Felipe:	¡Hombre! ¡Tú por aquí! ¿Qué te cuentas?
Mariano:	Ya ves, lo de siempre, con problemas. Mira, te presento a *Dionisio:* Ramírez, un compañero de la fábrica.
Felipe:	¡Encantado!
Dionisio::	¡Encantado!
Felipe:	¿Hace mucho que estás por aquí?
Dionisio::	Bueno... aquí... en Suiza llevo tres años, pero antes estuve en Alemania. Ya hace diez que falto de casa.
Felipe:	¿De dónde eres?
Dionisio::	Pues de Almería, de la parte de Albox.
Felipe:	Yo no soy de muy lejos, de un pueblo de Granada. ¿Y qué tal las cosas por tu tierra?
Dionisio::	Pues, mira, quizá estén mejor que aquí, porque...
Mariano:	¿Sabes? Éste está pensando en volver.
Felipe:	¿Y eso?
Dionisio::	Sí, chico, la fábrica va a plantear una regulación de empleo y, entre la indemnización que me den si me marcho, un pequeño préstamo y unos ahorros que tengo, estoy pensando en montar un negocio en mi tierra. No es fácil vivir desarraigado y además con problemas laborales y escasez económica.
Felipe:	Algún pequeño taller, ¿quizá?
Dionisio::	No, vuelvo a la agricultura. No sé si habrás oído hablar de los cultivos tempranos en invernaderos. Allí se están montando muchos en la parte de la costa y producen para mantener a una familia y aun más...
Felipe:	¿Y a la familia qué le parece?
Dionisio::	La mujer está encantada, deseando volver, pero los chicos..., no sé si sabrán adaptarse.
Felipe:	Pues yo también tengo mis planes aunque diferentes. También a la fábrica donde yo trabajo llegó la crisis y veo que de un momento a otro van a empezar a despedir trabajadores.
Dionisio::	¿Y qué piensas hacer?
Felipe:	Pues mira, yo tengo echado el ojo

a un local no lejos de aquí. Montaré un pequeño restaurante. Mis hijos ya son mayores y tienen hecha su vida aquí. El que no tiene problemas es el amigo Mariano, un gallego con suerte. Con su cargo en la empresa ha sabido hacerse el imprescindible en estos veinte años.

Mariano: Hombre, no es para tanto, pero no puedo quejarme. Tengo un buen empleo y espero conservarlo, pues la empresa va viento en popa. Bueno, se nos hace tarde. A ver si nos vemos más.

Dionisio:: Mucho gusto en conocerte.

Felipe: Igualmente. Hasta otro día.

UNIDAD 3

DIÁLOGO: **LA ELABORACIÓN DEL VINO.**
DOCUMENTO: **1. Correspondencia comercial: pedidos.**
SITUACIÓN: **Visita a una bodega riojana.**
PERSONAJES: **Un grupo de visitantes japoneses y técnicos españoles.**
LENGUA: **Cortés, informativa.**

Sr. Tokado: Por lo que he visto, supongo que ustedes producen toda la uva que necesitan.

Sr. Ruano: Así es, además nuestros vinos tienen regulada la denominación de origen.

Sr. Laínez: El sabor de nuestros vinos procede de la calidad de la uva y de la ubicación de los viñedos, así que...

Sr. Tokado: Ya entiendo, sería fraudulento comprar uvas de otra zona.

Sr. Laínez: En efecto, además de ser ilegal. El buen catador lo apreciaría inmediatamente.

Sr. Ruano: Ahora pasemos a visitar las instalaciones.

Sr. Tokado: ¿Hace frío en la bodega?

Sr. Laínez: No, no hace frío, aunque la temperatura tampoco es elevada, y sobre todo debe mantenerse constante. Al vino le afectan mucho los cambios de temperatura.

Sr. Ruano: Éste es el lagar adonde se trae la uva tras la vendimia. Aquí se prensa y se extrae el mosto que se deposita en las cubas, ya en la bodega.

Sr. Kamayoto: Ah, ¿no se embotella directamente?

Sr. Laínez: ¡Oh, no! Antes tiene que fermentar y después permanecer en las cubas un tiempo. Finalmente, una vez

acabado su envejecimiento se embotella.

Sr. Tokado: Ya veo, se trata de un proceso largo.

Sr. Laínez: Sí, un vino de calidad necesita dos o tres años.

Sr. Kamayoto: ¿Se consume el vino localmente o exportan ustedes mucho?

Sr. Ruano: Hasta ahora nuestra producción iba destinada al mercado nacional, pero nos estamos introduciendo en mercados exteriores.

Sr. Kamayoto: Ustedes saben que los vinos españoles pueden ser de interés para nuestra empresa, quizá el futuro...

UNIDAD 4

DIÁLOGO: **DIFÍCIL COMIENZO.**
SITUACIÓN: **Visita al director de un banco con el fin de pedir financiación para ampliar la industria.**
PERSONAJES: **Pequeño industrial y director de banco.**
LENGUA: **Cortés, informativa.**

Sr. Martínez: Conozco el estado actual de su industria y sé que no tiene problemas y que la ampliación que proyecta es realmente necesaria. Pero... tengo cierta curiosidad... ¿Cómo comenzó usted? Su laboratorio ya es muy antiguo, ¿no?

Sr. Font: Pues... realmente, yo heredé el negocio de mi padre, que era farmacéutico, y trabajaba en un pequeño laboratorio que tenía en la trastienda de la farmacia.

Sr. Martínez: Ah, ¿sí?

Sr. Font: En un principio representaba los productos de mi padre. Viajaba por provincias y recorría España dos o tres veces al año. Realmente yo comencé el año cincuenta y seis. Entonces nos trasladamos a nuestra sede actual, aunque con una planta menos.

Sr. Martínez: Así es que... ya llevan tiempo, tienen solera. ¿Cómo se las arreglaron?

Sr. Font: No ha sido fácil. En los primeros años no podíamos adquirir el equipo necesario, ni siquiera materias primas. ¡Dos años tardó en llegar la licencia de importación de un frigorífico! Y así era todo.

Sr. Martínez: Pero salieron a flote y con éxito.

Sr. Font: Sí, después ya en los años sesenta

la cosa cambió. En primer lugar renovamos el equipo totalmente, poco después construimos una planta más en el edificio, después mejoramos y ampliamos nuestra red de distribución comercial, incrementamos la plantilla y ahora...

Sr. Martínez: Ya, ya conozco sus planes...

Sr. Font: Sí, hay que racionalizar mucho la industria. Ya hemos empezado a abandonar las líneas de producción en las que somos menos competitivos y aspiramos a ampliar nuestra cuota de mercado en los productos con que seguimos adelante. Y esto...

Sr. Martínez: Ya veo, toman postura ante la crisis.

Sr. Font: Eso es. Y esto... ya se sabe, implica serias reformas con la consiguiente inversión.

Sr. Martínez: He consultado el asunto ya, y puedo adelantar que nuestro banco no pondrá objeciones a la financiación que precise.

UNIDAD 5

DIÁLOGO: 1. **INSTRUYENDO A LA SECRETARIA.**
DOCUMENTO: 2. **Ruegos y Preguntas.**
SITUACIÓN: **Despacho del director de EMCARSA (Embalaje y Cartonaje, S.A.), quien habla con su secretaria.**
LUGAR: **La Sala de Juntas de la misma empresa.**
PERSONAJES: **Director general, secretaria, otros altos ejecutivos.**
LENGUA: **Cortés.**

Sr. Gago: (Por teléfono) Señorita Mercedes por favor, pase a mi despacho.

Srta. Mercedes: Sí, señor.
G.(Ya en el despacho.)

D. Manuel: Escuche. Tome nota. Hay que convocar para el día veinticinco al Consejo de Administración. La reunión, como siempre, en la Sala de Juntas. Aquí tiene los puntos a tratar. Las direcciones las encontrará en la agenda. Busque el último informe económico en su archivador.

Srta. Mercedes: Muy bien. ¿Se lo paso a firma hoy mismo?

D. Manuel: Sí, sí, conviene cursarlas cuanto antes, sobre todo para que lo reciba a tiempo el señor Serrano que está ausente.

Sr. Secretario: Entramos en el último punto del orden del día. ¿Alguna pregunta?

Sr. Ruiz: Sí, yo quisiera saber por qué hemos dejado de fabricar el modelo de embalaje de madera para frutas y verduras cuando la demanda parece que no ha decaído.

Sr. Presidente: Es cuestión de costos, pues... la materia prima se ha encarecido y tendríamos que subir los precios.

Sr. Valbuena: Intervienen otros factores también... La mano de obra, fundamentalmente, que se ha elevado últimamente. La manipulación de la madera requiere mucho personal con los consiguientes costos... y acabamos de ver que están disparados.

Sr. Almodóvar: Nuestro futuro está en los productos de plástico y cartón que admiten una alta mecanización y usos más variados también. En definitiva, mejor salida del producto.

Sr. Ruiz: No obstante, creo que el nuevo giro tomado en la fabricación de embalaje no ha sido sometido a previa discusión y consulta en esta Junta. Deseo dejar constancia de mi postura y espero que así figure en el acta.

UNIDAD 6

DIÁLOGO: **EL TRANSPORTE DEL FUTURO**
SITUACIÓN: **En la sala de espera de un aeropuerto tres desconocidos entablan una conversación.**
PERSONAJES: **Un pesimista, un optimista y un tercero, neutral.**
LENGUA: Cortés.

Pesimista: (Expresando sus pensamientos en voz alta). Dos horas de mi casa al aeropuerto, una hora para los trámites de aduanas y ya llevamos más de media hora de retraso. Casi es más rápido viajar en tren.

Optimista: No sea usted anticuado. Puede que llevemos un pequeño retraso, pero volar es...

Pesimista: Sí, volar es muy rápido y cada vez lo será más, pero... llegar al aeropuerto cada vez lleva más tiempo.

Optimista: No se preocupe, en el futuro tendremos taxis aéreos y circularán trenes elevados.

Pesimista: Sí, taxis aéreos que volarán por corredores tan embotellados como las actuales autopistas. Ya lo ve, ¡dos horas de casa al aeropuerto!

Optimista:	¿Preferiría usted volver a la diligencia?
Pesimista:	¡No tanto!, pero lo cierto es que el progreso nunca resolverá todos los problemas.
Optimista:	No diga eso, la era del avión no ha hecho más que comenzar. En el futuro viajaremos en cohetes que nos transportarán de un continente a otro en pocos minutos y las autopistas estarán controladas por ordenadores.
Pesimista:	Espero que no lleguemos a esos extremos porque...
Optimista:	Pues si yo viviera en el futuro me encantaría viajar en cohete.
Pesimista:	¿Y dónde iría usted?
Optimista:	Visitaría nuevos planetas, miraría a la tierra desde la estratosfera...
Neutral:	Pues yo, señores, sueño con la mejora del ferrocarril. Quizá en vida nuestra lo veamos resurgir.

UNIDAD 7

DIÁLOGO: **EN UNOS GRANDES ALMACENES**
SITUACIÓN: **Una joven desea comprarse ropa y conversa con la dependienta de un gran almacén.**
PERSONAJES: **La joven y la dependienta.**
LENGUA:

Joven:	Quisiera ver una blusa para mí.
Dependienta:	¿Tiene alguna idea?
Joven:	Pues, realmente, no. Preferiría ver varias cosas.
Dependienta:	Pues... acabamos de recibir éstas. Son muy juveniles y vienen en varios tonos.
Joven:	No sé, me parecen demasiado de vestir.
Dependienta:	Pruébeselas.
Joven:	Bien..., pero desearía ver algo más.
Dependienta:	Tenemos unas blusas de algodón muy deportivas y aconsejables para el verano, pero... forman conjunto con faldas. ¿Le importaría llevarse la falda y la blusa?
Joven:	¡Uh! Es una buena idea, pero no entra dentro de mi presupuesto.
Dependienta:	¿Y no le gustarían estas camisas de fibra? Son muy prácticas, no necesitan plancha y...
Joven:	No, no, la fibra da mucho calor. Quiero algo fresco.
Dependienta:	Pruébese estas blusas que vimos al principio y estas camisetas de pun-

	to. Coja las tallas cuarenta y cuatro y cuarenta y dos.
Joven:	Vale.
Dependienta:	Los probadores están al fondo de la planta.

(La joven vuelve del probador).

Dependienta:	¿Cómo se encuentra?
Joven:	Estoy hecha un mar de dudas. Las blusas no están mal..., pero... quizá sean demasiado anchas. Y las camisetas me vienen bien, pero no me convencen.
Dependienta:	Tenga en cuenta que las blusas encogen algo al lavarse.
Joven:	Puede que tenga razón. Me llevo esta malva. Vale tres mil pesetas, ¿no?
Dependienta:	En efecto. Acompáñeme a la caja. ¿Cómo va a pagar? ¿Con tarjeta? ¿En efectivo?
Joven:	Pues... en efectivo mejor.

UNIDAD 8

DIÁLOGO: **COMIDA EN UN RESTAURANTE.**
SITUACIÓN: **Un matrimonio español, y unos amigos ingleses eligen el menú en un restaurante.**
PERSONAJES: **Ángela y Juan; Ronald y Brenda.**
LENGUA:

Juan:	¿Sabéis ya lo vais a pedir?
Ronald:	Necesitamos que nos aclares qué son alguna cosa.
Brenda:	Por ejemplo, aquí en el primer grupo, ¿qué son entremeses de la casa?
Ángela:	Generalmente, aunque digan "de la casa", son ensaladilla rusa y fiambres.
Brenda:	¿Fiambres?
Ángela:	Sí, chorizo, jamón...
Brenda:	Ah, bien; yo prefiero un plato caliente.
Ronald:	Sí, nos gustan mucho las verduras, tanto a Brenda como a mí.
Juan:	Pues aquí preparan una menestra excelente.
Ángela:	Sí, es lo que voy a pedir yo.
Brenda:	¿En qué consiste?
Juan:	Un revuelto de verduras variadas: guisantes, habas, alcachofas, zanahorias, etc., y unos taquitos de jamón.
Ronald:	Parece apetecible.
Juan:	¿De acuerdo? Pidamos cuatro menestras, entonces. ¿Y de segundo? ¿Qué os parece un pescado?

Brenda:	A Ronald le encanta el pescado, pero yo... la verdad es que... prefiero las carnes.
Ronald:	Sí, Brenda detesta el pescado, aunque, a decir verdad, creo que ni siquiera lo ha probado en su vida.
Brenda:	Bueno, bueno...
Juan:	Ronald, ¿por qué no pides para ti "lubina a la sal"? Es un plato exquisito.
Ronald:	Bien, como digas.
Ángela:	Pues, una lubina para nosotros tres y...
Ronald:	Y tú Brenda, ¿tomarás carne?
Brenda:	Sí... Unas chuletas de cordero con una ensalada.
Juan:	El postre lo decidiremos al final y ¿qué hay de los vinos?
Ronald:	Elegid vosotros que entendéis más.
Juan:	Pues un vino blanco que va muy bien con el pescado.
Ángela:	Es que Brenda ha pedido carne.
Juan:	Ah, claro. En ese caso tomemos todos un vino rosado.

UNIDAD 9

DIÁLOGO: **MIEDO AL "PANICO".**
SITUACIÓN: **En el despacho del director de un banco, sucursal urbana.**
PERSONAJES: **El director y un cliente. Ambos se conocen bien.**
LENGUA: **Coloquial (informativa).**

Director:	Y bien Núñez, ¿qué te trae por aquí?
Núñez:	Por favor, Almodóvar, después de lo que dice la prensa esta mañana... ¿todavía me lo preguntas?
Director:	Hombre, no se va a hundir el mundo.
Núñez:	¡Me dirás que es mentira! ¿No ha anunciado claramente tu banco que no reparte beneficios? Las cosas le van mal.
Director:	Sí, pero eso a ti como impositor no te afecta.
Núñez:	Y si quiebra el banco, ¿qué pasará?
Director:	No exageres.
Núñez:	¿Y si todo el mundo retirase sus depósitos? Más de un impositor lo estaría pensando ya.
Director:	No llegaríamos a una situación de falta de liquidez. En ese caso improbable siempre está el Fondo de Garantía de Depósitos. Mira, no repartir dividendos sólo debe preocupar a los accionistas. Si yo estuviera en tu lugar no me preocuparía.

UNIDAD 10

DIÁLOGO: **ANTES DE HACER UNA INVERSIÓN.**
SITUACIÓN: **Conversación sobre la conveniencia de realizar determinadas inversiones inmobiliarias.**
PERSONAJES: **Don Leopoldo del Río, un industrial de Valladolid pide consejo al señor Menéndez, director de un banco.**
LENGUA: **Cortés.**

Don Leopoldo:	Como ve Menéndez, esta vez no vengo a pedir un préstamo.
Menéndez:	Pero don Leopoldo, nosotros siempre estamos a su disposición para lo que sea.
Don Leopoldo:	Tengo un dinero que he pensado invertir en algo seguro. ¿Qué le parece a usted la deuda del Estado? Los intereses no son muy altos, pero la desgravación...
Menéndez:	Bueno, no está mal. Ha sido una operación interesante, pero... actualmente yo aconsejaría que actuase de otra forma.
Don Leopoldo:	No estará insinuando que lo deje en una cuenta a plazo fijo.
Menéndez:	Bueno, no es disparatado, pero lo que yo recomiendo en este momento es que compre acciones diversificando la inversión entre dos o tres empresas.
Don Leopoldo:	¿Está usted seguro?
Menéndez:	Sí, la inflación se ha reducido mucho y cualquier empresa solvente ofrece una rentabilidad aceptable, lo que junto a...

UNIDAD 11

DIÁLOGO: **¿A QUIEN BENEFICIA EL CRECIMIENTO?**
SITUACIÓN: **En el hogar. Comentario sobre un informe que el padre lee en el periódico.**
PERSONAJES: **Padre (funcionario), madre (ama de casa realista), abuelo (sabio ignorante), hijo (quince años, postmoderno).**
LENGUA: **Familiar.**

Padre:	Mirad lo que dice el periódico: "Este año crecerá el PIB más del tres y medio por ciento".
Abuelo:	(Ligeramente sordo). ¿Qué? ¿Qué? ¿Qué va a crecer?
Nieto:	El PIB, abuelito, que no te enteras.

Es la renta, a ver si lo entiendes así mejor.

Madre: Pero ¿vosotros creéis eso? Porque cada día hay más pobres por la calle, y del paro no hablemos: en nuestra misma familia... ¿Dónde habrán mirado?

Padre: Bueno, mujer, pero las cifras están aquí.

Abuelo: Vamos, como siempre. Hay unos que cada vez viven mejor y otros que cada vez viven peor.

Padre: La verdad es que cada día disfruta menos la gente del crecimiento, y con las nuevas tecnologías el paro es mayor. ¿Cómo puede arreglarse eso?

Nieto: Pues lo que tenía que hacer el gobierno es obligar a que se trabajase sólo dos horas al día, reducir la jornada.

Padre: Claro..., ¿por qué no dices eso a los empresarios? Quizá se deberían aumentar las cuotas de la Seguridad Social para financiar el seguro de desempleo.

Madre: ¡Estupendo! Y las empresas cerrarían y funcionarían clandestinamente.

Abuelo: Lo que tienen que hacer es subir las pensiones, que no vamos a pagar los viejos los platos rotos. Si yo fuese más joven veríais...

UNIDAD 12

DIÁLOGO: **ANTE EL MERCADO COMÚN.**
SITUACIÓN: **Tomando una copa se discute sobre cambios, semejanzas y diferencias en el país fuera o dentro del Mercado Común.**
PERSONAJES: **Tres amigos, Felipe (pro CEE), Tomás (en contra de la CEE) y Luis (bastante ecléctico).**
LENGUA: **Coloquial.**

Tomás: Pero, bueno, Felipe, ¿tú crees que por estar en el Mercado Común este vaso de leche es mejor o más barato?

Felipe: Hombre, más barato no sé, pero en cuanto a calidad... al menos está obligado a cumplir las normas del Mercado Común. Eso beneficia al consumidor.

Tomás: Pero ¿qué normas? ¿Acaso la leche que tomaba mi abuelo era peor? Y además está el IVA.

Luis: *(Muy tranquilo).* No saques las cosas de quicio, Tomás. Tu abuelo vivió hace cien años. Compara el IVA con el ITE*. Es más justo.

Tomás: Será más justo, Luis; pero yo preferiría no pagarlo.

Felipe: Claro, imagínate qué pasaría si nadie pagara impuestos. Menos escuelas, menos sanidad, menos comunicaciones...

Tomás: Menos funcionarios..., menos gasto público... ¡No me convences, amigo Felipe! Veamos lo que opina Luis.

Luis: ¡Qué tonterías, chicos! Además, no todo se reduce al IVA. Hay que pensar en el desarme arancelario, en la protección frente a terceros, en los beneficios de la sana competencia...

Tomás: Mira, no me hables de la competencia, ¿qué nos beneficia en nuestra vida diaria?

Felipe: Insisto en que al consumidor por supuesto sí le beneficia.

Luis: No serán todo delicias, Felipe; pero apuesto a que algunas sí tendremos, Tomás.

* ITE: Impuesto sobre el Tráfico de Empresa.

UNIDAD 13

DIÁLOGO: **"PAPELEO" EN LA EXPORTACION.**
SITUACIÓN: **En la oficina de la empresa EXPORTACE-SA (Exportadores de Aceros Especiales, Sociedad Anónima), de Madrid.**
PERSONAJES: **Dos empleados, uno veterano y uno joven.**
LENGUA: **Familiar.**

Empl. veterano: *(Poniendo atención).* ¿Cómo dices? ¿Qué quieres saber exactamente?

Empl. joven: El caso es que tengo que realizar este expediente de exportación y no sé qué formularios hay que utilizar.

E. v.: ¿Es para un país de la Comunidad Europea o no?

E. j.: Sí..., es para Francia.

E. v.: Entonces es muy fácil. Los impresos necesarios, sólo dos, se adquieren en la Secretaría de Estado de Comercio.

E. j.: ¿En qué Ministerio? ¿En el de Economía y Hacienda?

E. v.: Eso es, en el Paseo de la Castellana, ciento sesenta y dos. Aquí tengo yo unos modelos. Por un lado está el Certificado de Producción, que lo rellena el fabricante, y por otro, el Documento Acompañante, que rellenamos nosotros, los vendedores.

E. j.: Entonces, el Certificado de Producción se lo envío a Bilbao a ACE-RESA (Aceros Especiales, Sociedad Anónima), ¿no?

E. v.: Eso es. La sede está en Baracaldo, ya lo sabes, en la calle Torrealta, sin número. Y después completas tú el Documento Acompañante.

E. j.: Bien, pero me parece complicado. Como es la primera vez...

E. v.: No creas, en la casilla número uno colocas nuestro nombre y dirección, ya que somos los proveedores. En la casilla número dos...

E. j.: (Interrumpiendo). Bien, eso es fácil, pero..., por ejemplo, ¿qué quiere decir, aquí en la casilla número siete "Naturaleza de la Transacción"?

E. v.: Pues, mira, en este caso, "venta".

E. j.: De acuerdo, sólo me falta saber la fecha exacta del aviso de expedición.

E. v.: El quince de mayo. ¡Ah! no completes los espacios reservados a Visados. Eso les corresponde a diferentes organismos.

E. j.: ¡Hombre, tan torpe no soy! Supongo que "Línea de Productos" se refiere a perfiles, es decir, el tipo de producto de este pedido.

E. v.: Eso es.

E. j.: ¿Tengo que ocuparme del transporte también?

E. v.: No, eso ya está solucionado, con contenedores, como siempre, y por barco.

GLOSARIO

A

Acción (10): documento acreditativo de participación en el capital de una sociedad.

Accionista (9): poseedor de acciones.

Acta (5): relación escrita de lo tratado en una reunión.

Abonar (5, 6): anotar en cuenta; pagar.

Acuerdo Preferencial (12): trato excepcional concedido por la CEE a España.

Aduana (6): oficina pública donde se cobran los derechos de importación de las mercancías.

Almacén (13): sitio donde se guardan mercancías: conjunto de mercancías almacenadas.

Amortización (10): cálculo de la pérdida de valor de un bien con vistas a su reposición.

Apoderado (10): el que tiene poder para representar a otro.

Arancel (4): tarifas oficiales sobre mercancías importadas.

Asentador (7): el que compra al por mayor para vender al minorista.

Avalar (10): garantizar un pago.

Avalista (7): el que avala.

B

Balanza (†3):
— **básica:** balanza por cuenta corriente más transferencias y movimientos autónomos de capital.
— **comercial:** estado comparativo de la importación y exportación en un país.
— **por cuenta corriente:** saldo de la suma algebraica de las balanzas comercial o de mercancías, servicios y transferencias.

Banco de España (9): banco central de España.

Banco emisor (9): banco central de propiedad pública, emite moneda, actúa como banco de bancos y como tesorero del estado.

Beneficios (9): diferencia favorable entre los ingresos y los costos.

Bienes (7): aquello que se demanda por su utilidad.
— **de consumo:** aquellos que satisfacen necesidades directamente.
— **duradero** (7): que no perecen inmediatamente.
— **de equipo** (7): hechos por el hombre para producir otros bienes.
— **libres** (11): no económicos, que no escasean.

Bolsa (10): edificio donde se compran y venden acciones títulos.
— **de valores** (9): mercado de acciones, obligaciones, títulos.

Bono (10): documento que garantiza la devolución de un dinero tomado a préstamo, en un período de tiempo.

C

Caja de Ahorros (9): institución con funciones similares a la banca, sin ánimo de lucro y sin capital dividido en acciones.

Capital (5):
— **ampliación de:** emisión de nuevas acciones.
— **social:** capital que una sociedad tiene en acciones.

Cédula (10): algunos títulos de renta fija emitidos por entidades públicas.

Circular (6): comunicación idéntica enviada a diferentes personas.

Comisionista (7): el que vende y compra por cuenta de otro y cobra una comisión.

Compañía (7): asociación para ejercer una actividad económica.

Contable (13): que se puede anotar en las cuentas.

Contabilidad (9): cuentas que reflejan la marcha de la empresa.

Contingenciación (4): cantidad fija que se señala especialmente para la importación de ciertas mercancías.

Cotización (10): valor de los títulos negociados en la Bolsa.

Cotizar (10): asignar precio en la Bolsa; participar en el mercado bursátil.

Crecimiento (11): referente al aumento del Producto Interior Bruto (PIB).

Crediticia (política) (9): aquella cuyo fin es regular las condiciones de concesión de créditos y los tipos de interés.

Crudos (petrolíferos) (13): petróleo sin refinar.

Cuenta a plazo fijo (10): cuenta bancaria de la que no se puede retirar dinero hasta cumplirse un plazo determinado.

Cuota (11): pago periódico hecho a una entidad.

Cuota (de mercado) (4): proporción que corresponde a una compañía en las rentas totales de un producto.

CH

Cheque (9): documento mediante el cual se pueden retirar fondos de una cuenta corriente.
— **nominativo** (9): aquel en el que figura el nombre del receptor.
— **al portador** (9): aquel que puede cobrar cualquiera por figurar la palabra «portador».

D

Deflación (tasa de) (11): caída en el nivel general de precios.

Demanda (5, 3, 2): conjunto de los productos y servicios que los consumidores están dispuestos a adquirir.

Denominación de origen (3): indicador institucionalizado del origen de un producto.

Depósito (9): se refiere a los valores depositados en un banco.

Desarme arancelario (12): supresión de barreras al comercio eliminando aranceles.

Desarrollismo (4): tendencia al crecimiento por encima de todo, con sentido peyorativo.

Desarrollo (3): proceso de crecimiento de una economía.

Descontar (dinero) (1): cantidad que un banco cobra al hacerse cargo de una letra de cambio antes de la fecha de cobro.

Desempleo (11): paro forzoso.

Desgravación (10): rebaja de la base imponible de un tributo.

Despacho (4): envío de mercancías.

Despegue (11): fase durante la cual las inversiones en un país permiten iniciar un crecimiento sostenido.

Deuda:
— **del Estado** (10): deuda del gobierno central.
— **Pública** (9, 10): forma de obtener ingresos en el Sector Público mediante emisión de títulos.

Dirigismo (4): fuerte intervención del gobierno en la economía de un país.

Dividendos (9, 10): parte del beneficio que corresponde a cada acción.

Divisa: dinero en moneda extranjera.

Domiciliar (7): indicar el lugar de cobro.

E

Economía sumergida (11): actividad económica no reflejada en la estadística oficial ni sujeta a intervención fiscal.

Efectivo (7, 9): dinero en metálico.

Efectos públicos (10): valores inmobiliarios de renta fija.

EFTA (12, 13): Asociación Europea de Libre Cambio (European Association of Free Trade).

Emisión (9): puesta en circulación de monedas o valores.

Empresa (1, 2, 5, 11): unidad económica de producción.

Endosar (7): ceder a favor de otro una letra de cambio.

Endosante (7): el que cede a favor de otro una letra de cambio.

Endosatario (7): persona a cuyo favor se endosa.

Entradas de capital: importación de capitales.

Estancamiento (11): lentitud o detención en el crecimiento económico.

Expedición

Expedición (12): envío.

Explotación agraria (3): empresa agraria.

Extracto de cuenta (9): resumen.

F

Fábricas «llave en mano» (7): aquellas que se venden completas, listas para iniciar el proceso productivo.

Factura (12): cuenta detallada de las mercancías compradas o vendidas.

Feria (7): mercado que se desarrolla periódicamente en grandes espacios o salones dedicados a este fin.

Financiación (1): crear o fomentar una empresa aportando recursos económicos.

Fisco (9): Hacienda de una país; Erario Público.

Fiscal (9): relativo a los impuestos.

Flujo (11): movimiento de dinero o mercancías.

Fondo de Garantía de Depósitos (9): entidad pública que garantiza la recuperación de depósitos en caso de insolvencia de una entidad de crédito.

Fondos (9): capital.

Fondos de inversión mobiliaria (10): entidad financiera que invierte los fondos obtenidos de sus socios en la compra y venta de acciones y otros valores.

FORPPA (3): Fondo de Ordenación y Regulación de los Precios y Productos Agrarios.

G

Girar (2, 7): expedir letras u órdenes de pago.

H

Haberes (9): pagos por servicios realizados.

Hacienda Pública (1): conjunto de haberes, bienes, rentas, tributos, etc., correspondientes a la administración pública.

Hipermercado (7): establecimiento comercial de gran superficie, que se coloca normalmente en el extrarradio de las grandes ciudades.

I

Impago (1): cantidad adeudada de imposible cobro.

Impuesto (12): carga tributaria que recae sobre el contribuyente para financiar el gasto público.

Indemnización (2): reparación legal de un daño o perjuicio causado.

Inflación (10): aumento continuo de los precios de una economía.

INI (4): Instituto Nacional de Industria.

Intercambio (7): comercio.

Interés (9, 10): beneficio por el dinero prestado.

Inversión (7): colocación de dinero en una empresa.

Invertir (10): colocar un capital en una empresa.

ITE (12): impuesto sobre el tráfico de empresa.

IVA (12, 13): impuesto sobre el valor añadido.

Jornada (11): día de trabajo.
Junta General de Accionistas (5): asamblea de accionistas de una sociedad anónima.

Latifundio (3): finca rústica de gran extensión.
Letra de cambio (7, 10): documento comercial de crédito.
Librado (7): persona contra la que se gira una letra de cambio.
Librador (7): persona que gira una letra de cambio.
Licencia (4): permiso.
Líneas de producción (4): conjunto de productos que reúnen las mismas características.
Liquidez (9, 10): capacidad de convertirse en dinero a corto plazo sin sufrir pérdidas.
Lonja (7): centro de contratación o bolsa de comercio.
Lucro (7, 9): ganancia, provecho.

Macromagnitudes (11): magnitudes económicas referidas a los niveles de producción agregada, empleo y precios.
Mano de obra (2, 5): trabajadores.
Materia prima (4, 5): producto básico utilizado en los procesos industriales.
Mayorista (7): comerciante que vende al minorista; vende al por mayor.
Memoria (5): informe de ciertos acontecimientos públicos o privados.
Mercado (7): grupo de compradores y vendedores.
— **abierto** (9): conjunto de operaciones que la autoridad monetaria de un país realiza en el mercado del dinero.
— **de capitales** (10): conjunto de instituciones financieras que canalizan la oferta y la demanda de préstamos financieros a largo plazo.
— **de dinero** (9): mercado en el que se negocia el dinero a corto plazo.
— **de valores** (9): mercado que se realiza en la Bolsa.
Mercado Común (12): Comunidad Económica Europea.
Mercancías (6, 7): todo lo que se vende o compra.
Migratorios (movimientos) (2): movimientos de población.
Minifundio (3): finca rústica de poca extensión.
Minorista (7): pequeño comerciante que vende al por menor.
Moneda (2): instrumento legal de los pagos.
Monopolio (1): forma de mercado en el que sólo existe una empresa que ofrece.
Montar (un negocio) (2): organizar, instalar.
Movimientos en cuenta (9): entradas y salidas de una cuenta bancaria.

Negociar (10): comerciar.
Negocio (2, 4): actividad comercial o de otro tipo montada con ánimo de lucro.

Obligaciones (10): títulos negociables de interés fijo.
Operación (10): negociación, contrato.
Orden (a la) (7): mandato que debe de ser obedecido.
Orden del día (el) (5): relación de temas a tratar por una asamblea o junta.
Orden de pago (7): mandato para que se realice un pago.
OCDE (12): Organización de Cooperación y Desarrollo Económico.
Oro monetario (11): referencia básica para estimar la tendencia al alta o baja de las monedas.

Pagaré (10): documento que obliga a pagar.
Parado (11): persona sin empleo.
Paro (11): carencia de trabajo.
Paro (estar en) (11): no tener trabajo.
Participaciones accionarias (4): presencia en el capital de una empresa.
Partida (11): cantidad de mercancía entregada de una vez.
Pensión (6, 11): cantidad asignada por la Seguridad Social por jubilación, viudedad, etc.
Perecederos (bienes) (7): poco duraderos.
Pesetas constantes (4, 11): valor de la peseta en un momento determinado del pasado; es decir, sin el efecto de la inflación.
Pignoración (9): consecución de un crédito con la garantía de títulos, valores.
Plan:
— **de Desarrollo** (11): programa de desarrollo económico.
— **de Estabilización** (11): medidas para liberalizar la economía tomadas en 1959.
Planta (5): fábrica.
Plantilla (4): conjunto de los empleados y trabajadores de una empresa.
Plazo (capital a largo) (9, 11 bis): capital prestado cuya devolución se exigirá al cabo de un tiempo prolongado.
Plusvalía (10): aumento de valor de un bien o derecho.
Población activa (2): conjunto de la población ocupada más la que está buscando empleo.
Precio de mercado (7): precio formado por el libre juego de la oferta y la demanda.
Presión a la alza (3): coacción para que suban los precios.
Préstamo (10): entrega de dinero con obligación de devolverlo a plazos fijos pagando intereses.
Presupuesto (7): expresión de un plan económico para un año.

Productividad (2, 3): cantidad producida teniendo en cuenta el trabajo o el capital.

PIB (3, 11): Producto Interior Bruto; valor total de bienes y servicios producidos en un país durante un año.

PN (3, 11): Producto Nacional; suma de bienes y servicios producidos por los nacionales en un país.

PNB (4): Producto Nacional Bruto; véase PN.

Proteccionismo (4): medidas económicas tendentes a proteger la producción nacional.

PYME (5): Pequeña y Mediana Empresa.

Q

Quiebra (9): estado de las empresas que no pueden pagar sus deudas.

R

Recesión (4): disminución de la actividad económica.

Recibos (9): resguardos, justificantes.

Reconversión (4): adaptación de una producción antigua a una nueva actividad.

Recursos (9): bienes, medios disponibles para producir.

Redescuento (9): operación en la que determinados efectos comerciales son descontados de nuevo en el banco central para obtener liquidez.

Regulación de empleo (2): normas para regular el mercado de trabajo.

Remesas (11, 12): envíos.

RENFE (6): Red Nacional de Ferrocarriles Españoles.

Renta (11): utilidad, beneficio, ingreso anual.
— **fija** (10): beneficio obtenido de un título según se determinó en el momento de la emisión.
— **industrial** (4): beneficio obtenido por el conjunto de la industria.
— **nacional** (3): bienes y servicios pagados por un país en un período de tiempo determinado.
— **«per cápita»** (11): resultado aritmético de dividir la renta nacional por el número de habitantes.
— **variable** (10): beneficio obtenido de un título o valor, dependiendo de los resultados de la empresa.

RN (11): Renta Nacional; conjunto de las rentas públicas y privadas de un país en un período de tiempo determinado.

Rentabilidad (10): relación entre la inversión y el beneficio.

Reserva de divisas (9): cantidad de moneda extranjera que posee el Tesoro de un país.

Reserva de oro (9): cantidad de oro complementada con divisas de que dispone el Tesoro de un país.

S

Saldo (9, 11): liquidación de una deuda; diferencia entre el debe y el haber de una cuenta.

«Salvaje» (crecimiento) (11): no regulado.

Sector (5): división de las actividades económicas.
— **exterior** (11): parte de la economía que se refiere a las importaciones y exportaciones.

Seguridad Social (1, 11): sistema nacional que proporciona beneficios sociales a los ciudadanos.

SENPA (3): Servicio Nacional de Productos Agrarios.

SA (4): Sociedad Anónima; sociedad constituida por acciones transferibles.

Solvente (10): capaz de cumplir cualquier compromiso económico.

Subasta (10): venta pública ofrecida al candidato que haga la mejor oferta.

Subvención (1): cantidad dada por el Estado o una institución a una empresa o individuo.

Sucursal (4): establecimiento dependiente de uno central.

Sumergida (economía) (11): actividad económica, realizada de forma oculta, y no registrada oficialmente.

Supermercado (7): establecimiento comercial de gran superficie en régimen de autoservicio.

T

Tarifa (1): escala de precios; derechos o impuestos.

Tarjeta de crédito (7): documento personal, emitido por alguna empresa o banca, que autoriza a hacer pagos con cargo a la cuenta del poseedor de la tarjeta.

Tasa de inflación (11): porcentaje en que suben los precios de un país.

Tesorería del Estado (9): organización estatal que se ocupa del cobro de los impuestos y que libra los mandamientos de pago.

Título (10): documento que acredita la propiedad en una sociedad.
— **circulante** (7): que puede ser vendido.
— **de crédito** (7): que expresa la posesión de un derecho sobre un deudor.
— **hipotecario** (10): que expresa un derecho sobre una hipoteca.

Tráfico (6, 7): comercio con dinero o mercancías.

Transacción (12): operación comercial o bursátil.

Transferencia (11): pagos efectuados por un agente económico a otro.

Transnacionales (compañías) (12): que operan en diferentes países.

V

Valor (10): título de renta, acción, obligación, etc

Valor añadido (5): diferencia entre el valor de lo vendido y el valor de lo adquirido.
— **nominal** (10): valor declarado en la escritura del título.

Vencimiento (7): término de un plazo, contrato, etc.